Die 5 Säulen der Selbst-Psychologie

Wie Sie Ihre Gedanken und
Emotionen steuern und
Selbstmitgefühl aufbauen. Für ein
Leben mit mehr Positivität und
innerer Stärke | inkl. Übungen und
Meditationen

Elisa Peters

Inhaltsverzeichnis

Einleitung

Mitgefühl und Akzeptanz gegenüber sich selbst zu entwickeln, kann selbst für einen gesunden und ausgeglichenen Erwachsenen eine Herausforderung sein. Obwohl diese beiden Eigenschaften so wichtig sind, wird nur sehr wenigen Menschen beigebracht, wie sie diese in ihrem persönlichen Leben nutzen können. Stattdessen wird uns oft beigebracht, uns selbst gegenüber möglichst streng zu sein, uns so weit wie möglich zu pushen und stets die besten Ergebnisse unserer Bemühungen zu erwarten. Während es wertvoll ist, sich selbst herauszufordern, um ein substanzielles Wachstum zu erreichen, ist es keine positive Angewohnheit, sich bis zu dem Punkt zu pushen, an dem man sich selbst sabotiert.

Wenn Sie wirklich all den Erfolg erreichen wollen, den Sie sich im Leben wünschen, müssen Sie ein klares Verständnis für Ihr psychisches Wohlbefinden entwickeln und auch darüber, wie Sie dieses unterstützen können, damit Sie Ihre Erfolgschancen verbessern können. Ohne die Unterstützung einer starken Geisteshaltung werden die meisten Menschen den von ihnen gewünschten Erfolg nicht erreichen, weil sie trotz bester Absichten Schwierigkeiten haben, konzentriert und motiviert zu bleiben. Durch emotionale und psychische selbstzerstörerische Verhaltensweisen, wie z. B. sich selbst übermäßig stark zu kritisieren oder zu versuchen, herausfordernde Emotionen beiseitezuschieben, ohne ihren Zweck anzuerkennen oder sie zu heilen, werden diese Menschen einfach ausbrennen und keinen Erfolg haben.

Machen Sie sich beim Lesen dieses Buches klar, dass Sie jedes einzelne Hilfsmittel erhalten, das Sie brauchen, um sich selbst gegenüber mitfühlender zu werden und sich selbst anzunehmen. Vom Erkennen dessen, wie Sie Ihre Emotionen spüren und eine Beziehung entwickeln können, bis hin zum Aufbau einer produktiven Achtsamkeits- und Selbstwahrnehmungspraxis ist alles darauf ausgerichtet, Ihnen zu helfen, sich auf gesunde Weise zu motivieren. Die Hilfsmittel in diesem Buch werden Sie nicht dazu ermutigen, selbstgefällig zu werden, den Fokus zu verlieren oder aufzuhören, Ihre Träume weniger intensiv anzustreben, als Sie es bisher getan haben. Stattdessen werden sie Sie dabei unterstützen, einen stärkeren Fokus darauf zu haben, wie Sie Ihre Ziele erreichen können, ohne Ihr inneres Wohlbefinden zu beeinträchtigen. Infolgedessen werden sich alle

Erfolge, die Sie in Ihrem Leben erzielen, viel bedeutsamer und positiver anfühlen.

Wenn Selbstmitgefühl für Sie bisher eine besondere Herausforderung dargestellt hat oder wenn Ihnen das Konzept selbst fremd erscheint, ermutige ich Sie, sich wirklich fest vorzunehmen, dieses Buch und die darin enthaltenen Themen mit einem offenen Geist anzugehen. Sie werden aus jedem Kapitel und allen bereitgestellten Hilfsmitteln das Beste herausholen, wenn Sie sich die Erlaubnis geben, die Dinge zumindest für die Dauer dieses Buches aus einer neuen Perspektive zu sehen. Lassen Sie sich darauf ein, diese Konzepte und Hilfsmittel nicht nur zu lernen und zu verstehen, sondern sie auch tatsächlich in Ihrem Leben umzusetzen. Wenn Sie zu verstehen beginnen, wie mächtig diese Mittel sind und wie sie Sie dabei unterstützen, sich in Richtung einer positiveren Zukunft zu bewegen, werden Sie schnell erkennen, warum sie so wichtig sind.

Zu guter Letzt gibt es noch ein wichtiges Konzept, das Sie erkennen müssen, bevor Sie dieses Buch lesen. Selbstmitgefühl ist ein Akt der Selbstfürsorge, aber es ist auch ein Hilfsmittel, das durch das Praktizieren von Persönlichkeitsentwicklung erlernt wird. Sie werden Selbstmitgefühl weder beim ersten Anlauf erreichen, noch werden Sie wirklich in der Lage sein, Ihr derzeitiges oder künftiges Selbstmitgefühl zu messen oder zu benoten. Es gibt zwar Möglichkeiten, um Ihre Fortschritte nachvollziehen zu können, und wir werden später noch näher auf diese Möglichkeiten eingehen, aber Sie müssen verstehen, dass es ausschließlich darum geht, sich selbst dabei zu helfen, sich besser zu fühlen und positiver an das Leben heranzugehen. Wenn Sie sich erlauben, dieses Gleichgewicht zu erzielen, werden Sie sich insgesamt viel friedlicher fühlen.

Kapitel 1

Selbstverständnis

Ihr Selbst bzw. Ihre Identität ist ein wichtiges Element dessen, wer Sie sind. Wenn Sie darüber nachdenken, wer Sie sind, beschäftigen Sie sich dabei mit der Illusion Ihrer Identität. Obwohl wir dazu neigen, zu glauben, dass unser Selbst ein inhärenter Teil unserer Identität ist, und dass unsere persönlichen Überzeugungen bezüglich uns selbst unumstößlich und endgültig sind, spiegelt das, was wir sind, und das, was wir zu sein glauben, in der Realität typischerweise zwei völlig verschiedene Personen wider. Viele Menschen erkennen nicht, dass es diesen Unterschied gibt, und ertappen sich oft dabei, dass sie wirklich glauben, die Person zu sein, die sie sich innerlich vorstellen und dass es keine Alternative gibt. Infolgedessen kann es passieren, dass sie ein hochgradig toxisches, unrealistisches und selbstzerstörerisches Bild bzw. Überzeugung darüber entwickeln, wer sie sind.

Die Erkenntnis, dass derjenige, der Sie wirklich sind, und derjenige, für den Sie sich halten, zwei verschiedene Menschen sind, kann für viele eine große Erleichterung bedeuten. Wenn Sie entdecken, dass Sie wahrscheinlich tatsächlich nicht mit den Bildern oder Glaubenssätzen übereinstimmen, die Sie erschaffen haben, erkennen Sie, dass dies Ihnen eine Gelegenheit bietet, sich selbst in einem neuen Licht zu sehen. Sie bekommen vielleicht sogar die Gelegenheit, sich selbst so zu sehen, wie Sie wirklich sind, und nicht als die Illusion, an der Sie in Ihrem Geist festgehalten haben. Indem Sie sich von der strengen Identität lösen, an der Sie geistig festgehalten haben, können Sie sich selbst die Gelegenheit geben, viel mehr Mitgefühl mit sich selbst zu erfahren.

Identität ist ein komplexes Thema, das weit über das Bild, das wir uns von uns selbst machen, und das Bild, das sich andere von uns machen, hinausgeht. In der Tat gibt es eine ganze psychologische Studie, die sich dem Verständnis der Identität und der Selbstwahrnehmung widmet und Ihnen dabei hilft, herauszufinden, „wer" Sie genau sind. Dieses Studiengebiet ist als Sozialwissenschaft bekannt und beteiligt Psychologen und Forscher, die aktiv versuchen, das Konzept der Identität auf einer noch tieferen Ebene zu verstehen und eine klare Vorstellung dafür zu bekommen, was die Identität einer Person ausmacht. Da das Konzept der Identität aus so vielen verschiedenen Ebenen besteht, ist die Studie selbst ziemlich expansiv und stößt fortwährend auf neue Erkenntnisse zu der Differenz zwischen der wahren Identität einer Person, ihrer Selbstwahrnehmung und der Wahrnehmung dieser Person durch andere. In den folgenden Abschnitten erhalten Sie einen tieferen Einblick in das, was Ihre Selbstwahrnehmung wirklich ist, wie sie sich zusammensetzt und wie Ihre Selbstwahrnehmung die Art und Weise beeinflusst, auf die Sie Ihr Leben leben.

Multiple Selbstaspekte

Das Konzept der multiplen Selbstaspekte kann sich auf zwei unterschiedliche Möglichkeiten beziehen. Zum einen ergibt es sich aus der Art und Weise, wie Sie mit den Menschen um Sie herum interagieren, und aus der Identität, die Sie in der Nähe dieser Menschen besitzen. Zum Beispiel ist der Selbstaspekt, den Sie bei Ihren Freunden einnehmen, wahrscheinlich ein ganz anderer als der Selbstaspekt, den Sie bei Ihrer Familie oder Ihren Mitarbeitern zeigen. Ihre Umgebung ist ein großer Faktor dafür, welche Rolle Sie spielen werden, je nachdem, wo Sie sich befinden und von wem Sie aktiv umgeben sind. Zum anderen werden die sozialen Selbstaspekte durch die Art und Weise bestimmt, wie Sie sich selbst wahrnehmen und wie andere Sie wahrnehmen. Da jeder Mensch in Ihrem Leben seine eigenen einzigartigen Interaktionen und Erfahrungen mit Ihnen gemacht hat, ist es nicht unvernünftig, zu erkennen, dass jeder Sie etwas anders sieht als andere. Zum Beispiel sieht Ihr bester Freund Sie vielleicht ganz anders als Ihre anderen Freunde, und auch Ihre Oma hat eine ganz andere Vorstellung davon, wer Sie sind, als der Rest der Welt. Die Beziehung, die Menschen zu Ihnen haben, die Erfahrungen, die Sie gemeinsam machen, und die Wahrnehmung, die sie von Ihnen und von Menschen im Allgemeinen haben, wirken sich alle darauf aus, wie Menschen Sie identifizieren. Infolgedessen haben Sie tatsächlich mehrere Identitäten – und nein, das bedeutet nicht, dass Sie eine Identitätskrise haben oder dass mit Ihnen etwas nicht stimmt. Es ist völlig normal, viele Identitäten zu haben.

Wenn es darum geht, die eigene Identität zu verstehen, müssen Sie erkennen, dass Sie sich auf psychologischer Ebene nicht als eine Person identifizieren, die einen Körper bewohnt. Sie identifizieren sich selbst auf der Grundlage der tatsächlichen Identität, die Sie einnehmen, oder aufgrund der Eigenschaften und Persönlichkeitsmerkmale, die Ihnen zugeschrieben werden. Ihr „Selbst" ist der bewusste Aspekt von Ihnen, der mit der Welt um Sie herum interagiert, mit anderen Menschen kommuniziert und gemeinsame Erfahrungen mit anderen macht. Obwohl es keine wissenschaftlichen Beweise dafür gibt, dass es ein außerkörperliches „Selbst" gibt, glauben die meisten Psychologen, dass das Selbst nicht an den Körper einer Person gebunden ist oder sich durch diesen identifiziert. Es ist stattdessen die Dimension von Ihnen, die in Ihrem Geist existiert bzw. die Aspekte von Ihnen, die ausmachen, „wer" Sie jenseits Ihres physischen und biologischen Selbst sind.

Dieser Teil von Ihnen, der nicht durch Ihren Körper oder Ihre Biologie definiert ist, wird in der Psychologie typischerweise in drei verwandten, aber trennbaren Bereichen beschrieben. Das bedeutet, dass es drei Elemente gibt, die gemeinsam Ihr „Selbst" bzw. Ihre Identität ausmachen. Die erste Domäne ist als Ihr erfahrungsbezogenes Selbst bekannt, das auch als „Theater des Bewusstseins" bezeichnet wird. Dieser Teil Ihres Selbst wird als Ihr Ich-Gefühl identifiziert und bezieht sich darauf, wie Sie persönlich die Welt um sich herum erleben. Dieser Teil Ihres Selbst bleibt auch über lange Zeiträume hinweg konsistent, was dazu führt, dass Psychologen glauben, dass er sehr eng mit Ihrem Gedächtnis verbunden ist. Der zweite Teil Ihrer Identität ist das, was als Ihre private Selbstaufmerksamkeit bekannt ist. Dies ist Ihr innerer Erzähler oder die Stimme, die Ihnen innerlich verbal erzählt, was in Ihrem Leben passiert. Wenn Sie lesen, lernen oder die Welt um Sie herum interpretieren, erzählt diese Stimme aktiv, wie Sie diese Informationen interpretieren und welchen Sinn Sie daraus ziehen. Dies ist der Teil von Ihnen, der Ihre Überzeugungen und Werte darüber vertritt, wie die Welt funktioniert. Der Neurowissenschaftler António Damásio nennt Ihre private Selbstaufmerksamkeit Ihr autobiografisches Selbst, weil es regelmäßig Ihre Autobiografie in Ihrem Kopf erzählt. Die dritte und letzte Dimension Ihrer Identität ist Ihre öffentliche Selbstaufmerksamkeit, auch Persona genannt. Dies ist das Bild, das Sie versuchen, durch Ihre Handlungen, Einstellungen, Verhaltensweisen und Worte auf andere zu projizieren. Dies ist der Teil Ihres Selbst, mit dem andere Menschen interagieren und den sie sehen. Dies führt dazu, dass es zugleich auch der Teil von Ihnen ist, über den Menschen Wahrnchmungen erzeugen. Durch Ihre Persona bestimmen die Menschen beruhend auf ihrem eigenen Verständnis und ihren Ansichten, welche Identität sie Ihnen geben.

Somit kommen die multiplen Selbstaspekte, die Sie verkörpern, von der Persona, die Sie gegenüber anderen einnehmen. Die Menschen erzeugen dann Wahrnehmungen darüber, wer Sie sind, was Ihre Identität ist und wie sie sich dabei fühlen. Durch diese Persona entscheiden die Leute, ob sie eine Beziehung zu Ihnen aufbauen können, ob sie Sie mögen und über alles andere, was mit ihrer Einstellung zu Ihnen zusammenhängt. Wenn Sie erkennen, dass die Menschen ihre Wahrnehmung von Ihnen auf der Grundlage eines einzigen Aspekts Ihrer wahren Identität entwickeln, hilft Ihnen das, auch zu erkennen, dass die Perspektive dieser Menschen nicht korrekt ist. In der Tat ist es auch die Ihre nicht. Niemand, auch Sie selbst nicht, weiß *wirklich,* wer genau Sie sind. Alles wird nur auf der Grundlage von Überzeugungen, Werten, Perspektiven und Erkenntnissen generiert, die sich durch unterschiedliche Lebenserfahrungen angesammelt haben.

Die Selbst-Beziehung

Die Beziehung, die Sie zu sich selbst haben, entwickelt sich oft irgendwo zwischen der ersten und zweiten Dimension Ihrer Identität. Die Art und Weise, wie Sie die Welt um sich herum interpretieren und mit ihr interagieren, kombiniert mit Ihren Überzeugungen und Werten, hilft Ihnen, eine Art Selbstwahrnehmung zu entwickeln, die es Ihnen ermöglicht, zu bestimmen, was Sie für Ihre Identität halten. Wie bei anderen Menschen auch, basiert Ihre Identität weitgehend auf Ihrer Wahrnehmung und Ihrem Verständnis der Welt um Sie herum und dessen, wie sie funktioniert. Auch wenn Ihre eigene Wahrnehmung selten genau ist, wenn man sie mit dem vergleicht, was Sie tatsächlich sind, nämlich eine einzigartige Mischung aus allen drei Schichten Ihrer dimensionalen Identität.

Ihre Beziehung zu sich selbst wird größtenteils durch Ihre Überzeugungen und Werte sowie dadurch, wie ausgeprägt Ihre Fähigkeit ist, in Übereinstimmung mit ihnen zu leben, definiert. Dadurch lässt sich leicht erkennen, dass die Art und Weise, wie Sie sich selbst identifizieren, sich je nach Ihren Wahrnehmungen schnell verschieben kann. Wenn Sie zum Beispiel bestimmte Kernüberzeugungen darüber haben, wie man leben sollte, und Sie leben nicht in Übereinstimmung mit diesen Überzeugungen, dann erzeugen Sie vielleicht eine Wahrnehmung, die Sie als jemand identifiziert, der schlecht oder unwürdig ist. Sie beziehen sich dabei möglicherweise auf die Identitäten, die Sie geistig für andere Menschen in der Gesellschaft entworfen haben, die Sie ebenfalls für schlecht halten, was dazu führen kann, dass Sie sich selbst in einem negativen Licht sehen. Wenn Sie bestimmte Kernüberzeugungen darüber haben, wie Menschen leben sollten, und Sie in Übereinstimmung mit diesen leben, loben Sie sich vielleicht selbst und sehen sich als gut und besonders. Sie könnten dann feststellen, dass Sie mehr mit Menschen in der Gesellschaft zu tun haben, die Sie als gut und positiv ansehen, was Ihnen ermöglicht, sich selbst in ein positives Licht zu rücken.

Die Wahrheit ist, dass keiner von uns wirklich von Natur aus gut oder schlecht ist, wir alle nehmen nur die Welt um uns herum wahr, erleben sie und reagieren auf sie. Das Erzeugen innerer Bilder davon, was positiv ist und was nicht, führt nur dazu, dass Sie für sich selbst Standards bezüglich dessen setzen, wie Sie sich verhalten sollten. Wenn diese Standards jenseits dessen liegen, was Sie vernünftigerweise erreichen können, oder nicht mit dem übereinstimmen, was Sie wirklich im Leben wollen, dann werden Sie möglicherweise an Glaubenssätzen und Werten festhalten, die eigentlich eher destruktiv sind. Anstatt Ihnen dabei zu helfen, ein Leben voller Zufriedenheit zu führen, können diese Überzeugungen dazu führen, dass Sie sich ständig unfähig und wenig selbstbewusst fühlen. Infolgedessen kann sich Ihre Beziehung zu sich selbst verschlechtern, weil die Art und Weise, wie Sie sich selbst sehen, weder angemessen noch mitfühlend ist.

Filter und Erklärungsstile

Um Ihnen dabei zu helfen, ein Verständnis dafür zu entwickeln, wie sich Ihre Selbstwahrnehmung von der Wahrnehmung durch andere unterscheidet, lassen Sie uns über persönliche Filter und Erklärungsstile sprechen. Wenn Sie verstehen, warum Menschen eine so unterschiedliche Sicht auf die Welt haben, können Sie besser nachvollziehen, warum es so viele Aspekte Ihrer Identität gibt, die auf Ihren eigenen Persona und der Art und Weise, wie andere Menschen Sie und diese Persona wahrnehmen, basieren. Das Konzept der persönlichen Filter und Erklärungsstile ist einfach. Ein persönlicher Filter beschreibt, wie Sie die Welt sehen und Ihr Erklärungsstil bezeichnet, wie Sie sich selbst und anderen diese Sichtweise erklären.

Jeder einzelne Mensch hat einen einzigartigen Filter und Erklärungsstil, der auf seinen eigenen einzigartigen Lebenserfahrungen basiert. Alle Interaktionen mit anderen, die Situationen, denen man begegnet ist, und die Dinge, die Menschen im Umkreis erzählen, formen die Art und Weise, wie man das Leben betrachtet. Das Zusammenspiel dieser kleinen, aber einflussreichen Dinge prägt die Art und Weise, wie jeder Mensch die Welt um sich herum, andere, die mit ihm auf diesem Planeten zusammenleben, und sich selbst wahrnimmt. Wenn jemand zum Beispiel gelernt hat, dass es ein Zeichen von Faulheit und Ignoranz ist, wenn man nicht jeden Tag sein Geschirr abwäscht, dann wird diese Person glauben, dass jeder, der sein Geschirr über Nacht in der Spüle stehen lässt, irgendwie „schlecht" ist.

Die Grundlage der Filter und Erklärungsstile einer Person sind in der Kindheit verwurzelt, die Zeit, in der ein Kind noch nicht in der Lage dazu ist, seine eigenen unabhängigen Gedanken und Überzeugungen zu entwickeln. Bis wir sechs Jahre alt sind, ist unsere Fähigkeit, kritisch über Dinge nachzudenken und unsere eigene Meinung unabhängig von den Meinungen anderer zu bilden, praktisch nicht vorhanden, sodass wir alles, was wir lernen, aufnehmen. Das bedeutet, dass alles, was Ihre Eltern und andere Menschen um Sie herum gesagt haben oder was Ihnen durch das Verhalten und die Handlungen anderer gezeigt wurde, in Ihrem Verstand als Grundlage Ihrer persönlichen Überzeugungen und Werte verankert wurde. Auch wenn Sie im Alter von etwa sechs Jahren die Fähigkeit erlangt haben, kritisch zu denken und Ihre eigene Meinung zu bilden, haben Sie immer noch aktiv verinnerlicht, was Ihnen gesagt wurde, weil Ihnen in den meisten Fällen niemand etwas anderes beigebracht hat. Infolgedessen gibt es wahrscheinlich viele verschiedene Überzeugungen und Werte, die ihren Ursprung in Ihrer Kindheit haben und die Sie noch jahrelang beeinflussen werden. Es wird sogar angenommen, dass genau diese Überzeugungen und Werte einen großen Teil dessen ausmachen, was Ihr autobiografisches Selbst Ihnen täglich erzählt und dass sie damit die Art und Weise prägen, wie Sie sich selbst sehen. Sehen Sie, wer Sie zu sein glauben, ist vielleicht nicht einmal ein genaues Spiegelbild dessen, wie *Sie* denken, sondern eine Verinnerlichung, die auf den Überzeugungen und Werten basiert, die Ihnen in Ihrer Kindheit von anderen Menschen vermittelt wurden.

Da verschiedene Menschen im Laufe ihres Lebens unterschiedliche Dinge hören, selbst wenn sie in einer ähnlichen Umgebung aufgewachsen sind, variiert die Art und Weise, wie jeder Mensch die Welt um sich herum sieht und interpretiert. Selbst Geschwister werden mit unterschiedlichen Wahrnehmungen und Überzeugungen aufwachsen, basierend auf der Art und Weise, wie sie die Überzeugungen, die sie im Laufe ihres Lebens gehört und gezeigt bekommen haben, verinnerlicht haben. Durch diesen Prozess entwickelt jede Person ihre eigenen persönlichen Filter und Erklärungsstile dafür, wie sie die Welt um sich herum interpretiert und erklärt. Daraus können wir schließen, dass alle Glaubenssätze, die Sie und auch andere bezüglich Ihrer Identität haben, gar nicht definieren, wer Sie wirklich sind. Stattdessen zeigen sie die Glaubenssysteme auf, die Sie im Laufe Ihres bisherigen Lebens aufgebaut haben.

Wenn Sie erkennen, dass es Ihre Überzeugungen sind, die Ihre *Wahrnehmung* Ihrer Identität formen und nicht Ihre Identität selbst, wird es für Sie viel einfacher, Mitgefühl für sich selbst zu entwickeln. Sie beginnen, zu erkennen, dass die Art und Weise, wie Sie sich selbst sehen, nicht unbedingt ein wahres Spiegelbild dessen ist, wer Sie sind, sondern eher zeigt, wie Sie dazu gebracht worden sind, sich selbst zu sehen. Diese Sichtweise wurde entwickelt, um Sie dabei zu unterstützen, sich mit Ihrem „Stamm" bzw. Ihrer Familie und Gemeinschaft verbunden zu fühlen, aber in manchen Fällen kann sie destruktiv werden und dazu führen, dass Sie sich zutiefst von sich selbst abgekoppelt fühlen. Wenn das passiert, macht die Erkenntnis, dass Sie nicht von Natur aus „schlecht" oder „falsch" sind, weil Sie das Gefühl haben, nicht dazuzugehören, es Ihnen viel leichter, Mitgefühl für Ihre Gefühle und für die Erfahrungen zu entwickeln, die Sie durchmachen. Infolgedessen wird die Heilung von diesen schmerzhaften Emotionen und der Weg in eine selbstmitfühlendere und selbstliebende Zukunft für Sie viel einfacher.

Ihre Umgebung und Ihre Werte

Wir haben bereits über die Natur der Werte gesprochen, aber Sie fragen sich vielleicht, woher *genau* Ihre Werte kommen und warum Sie sie überhaupt entwickeln. Der Autor Don Miguel Ruiz beschreibt in seinem Buch „Die vier Versprechen", dass der Mensch ein selbst-domestiziertes Lebewesen ist. Er geht davon aus, dass wir gelernt haben, uns in Gemeinschaften zu organisieren und grundlegende Regeln und Vorschriften für diese Gemeinschaften zu entwickeln. Diese Regeln wurden entwickelt, um uns zu schützen und uns zu helfen, zusammenzuarbeiten, um zum Wohl der Gemeinschaft beizutragen, ohne dass es zu bösartigen Ausbrüchen von Streitereien oder Kämpfen bis zum Tod kommt, wie wir es bei anderen Spezies oft beobachten. Damit wir uns an diese Regeln halten und weiterhin als Gemeinschaft zusammenarbeiten können und von der Gemeinschaft nicht für das Brechen dieser Regeln bestraft werden, entwickeln wir Werte. Diese Werte helfen uns, zu bestimmen, was richtig und was falsch ist, damit wir uns im domestizierten Leben zurechtfinden und stets von unserer Gesellschaft akzeptiert und aufgenommen werden. Wenn wir uns „richtig" verhalten, werden wir geschätzt, geliebt und ernährt. Wenn wir uns „falsch" verhalten, werden wir bestraft, gemieden und von unseren Lieben oder unserer Gemeinschaft ausgestoßen.

Regeln und Werte sind im Allgemeinen eine sehr positive Sache, die uns hilft, eine positive Gemeinschaft zu erhalten, die langfristig effektiv und produktiv arbeitet. Wenn es darum geht, unsere Gemeinschaften als Ganzes zu betrachten, unterstützen sie uns dabei, zu bestimmen, wie wir alle in unseren Städten, Kommunen, Ländern, Staaten und Kontinenten auf eine Weise zusammenleben können, die beständig ist und der wir alle zustimmen. Obwohl nicht jeder Ort auf die gleiche Weise regiert wird, werden diese verschiedenen Arten und Weisen von anderen regierten Orten akzeptiert. Auf diese Weise können wir miteinander koexistieren, ohne die Sorge haben zu müssen, von jemand anderem in der Gemeinschaft geschädigt zu werden, und wenn es doch passiert, wird die Person, die uns geschadet hat, für ihre Handlungen bestraft.

Natürlich hat unsere Gesellschaft ihre Fehler und nicht jeder wird für seine Handlungen zur Rechenschaft gezogen, aber die allgemeine Struktur arbeitet darauf hin, alle zusammenzuhalten und dafür zu sorgen, dass unsere Gemeinschaften „zivilisiert" bleiben und funktionieren. Leider zerfällt diese Struktur in Cliquen oder Bereiche der Gesellschaft, in denen die spezifischen Werte und Überzeugungen strenger und enger gefasst sind als in der allgemeinen Gesellschaft. In einer Standardgesellschaft sind die Werte und Regeln im Allgemeinen einfach. Typischerweise beinhalten sie Dinge wie „schade anderen nicht" und „befolge die Gesetze", sodass alle auf eine einheitliche Art und Weise kooperieren, die den Schaden für andere minimiert und die Gesellschaft am Laufen hält und voranbringt. In Teilbereichen der Gesellschaft, z. B. innerhalb verschiedener Kulturen, Religionen, Nachbarschaften oder sogar innerhalb von Familien und sozialen Kreisen, entstehen oft unterschiedliche Werte. Typischerweise sind diese Werte sehr viel spezifischer und restriktiver als die Gesamtwerte einer bestimmten Gesellschaft. Es sind auch die Werte, die wir im Laufe unseres Lebens übernehmen und auf deren Grundlage wir alles entscheiden, einschließlich Bewertungen wie richtig und falsch. Durch diese eher restriktiven Werte werden wir typischerweise dazu gebracht, einen ganz bestimmten Weg zu gehen, damit wir von unseren sozialen Kreisen akzeptiert und geliebt werden. Wir lernen diese Werte durch den Erziehungsstil unserer Eltern, die Worte unserer Freunde und die harschen Worte von Mobbern. Wenn wir zuhören, wie die Menschen in unserer Umgebung kommunizieren, tratschen und sich gegenseitig für ihr Verhalten loben oder tadeln, entwickeln wir ein inneres Wertesystem. Diese Werte sollen uns helfen, uns nicht nur in die Gesellschaft als Ganzes einzufügen, sondern auch in den Teilbereich der Gesellschaft, in dem wir aufgewachsen sind. Auf diese Weise können wir den Menschen, die uns wichtig sind, nahe sein, mit ihnen verbunden bleiben und sie in unsere persönlichen „Stämme" aufzunehmen.

Doch wenn unsere Umgebung uns dazu bringt, Werte zu entwickeln, die nicht wirklich mit unseren persönlichen Überzeugungen und Meinungen übereinstimmen, dann beginnt sie, schädlich zu werden. Nehmen wir zum Beispiel an, Sie sind in einer Gemeinschaft aufgewachsen, die an das Christentum und seine Lehren glaubt, aber Sie persönlich fühlen eine tiefere Verbindung zum Buddhismus und dessen Lehren. In diesem Szenario könnten die Werte, die Sie im Laufe Ihres Lebens gelernt haben, Sie davon abhalten, Ihren gewünschten Lebensweg zu verfolgen, weil Sie befürchten, dass Sie von Ihren Angehörigen gemieden oder bestraft werden. Obwohl Sie nicht von der Gesellschaft als Ganzes gemaßregelt werden würden, würden Sie wahrscheinlich Reibungen mit den Menschen erleben, denen Sie am nächsten stehen, was dazu führen könnte, dass Sie das Gefühl haben, von Ihrer „Herde" bzw. Gruppe völlig verlassen oder getrennt zu werden. Die Angst vor der Trennung führt dazu, dass Sie die gleichen Empfindungen haben wie ein wildes Tier, wenn es von seiner eigenen Herde getrennt wird – ängstlich, furchtsam, gestresst und besorgt um seine Fähigkeit, zu überleben. Natürlich wird die Entscheidung, in einer zivilisierten Gesellschaft seinen eigenen Weg zu gehen, wahrscheinlich nicht zu übermäßig negativen oder lebensbedrohlichen Auswirkungen führen, aber es ist definitiv eine stressige Erfahrung.

Gerade die Angst, gemieden zu werden, führt bei vielen Menschen dazu, dass sie Werte akzeptieren und leben, die nicht ihre eigenen sind, damit sie nicht von ihrer Gruppe isoliert werden müssen. Wenn diese Personen weiterhin an den Werten festhalten, an die sie persönlich nicht glauben, werden sie auch weiterhin das Gefühl haben, „schlecht" oder „falsch" zu sein. Diese Gefühle werden weiter wachsen, solange die Werte, die eine Person annimmt und nach denen sie lebt, nicht mit ihren wahren inneren Überzeugungen übereinstimmen. Sie können vielleicht genau nachvollziehen, wie sich das anfühlt, wenn Sie derzeit in einem Zustand leben, in dem die Werte, nach denen Sie zu leben versuchen, nicht genau das widerspiegeln, was Sie über das Leben selbst denken.

Die Rolle der Emotionen

Obwohl Werte mächtig sein können, wenn es darum geht, Gesellschaften dabei zu helfen, zusammenzuwachsen und zu funktionieren, können sie auch zu tiefen inneren Kämpfen mit unterschiedlichen Gedanken und herausfordernden Emotionen führen. Dies gilt besonders für Menschen, die in einer Umgebung leben, die ihre persönlichen Werte und Überzeugungen nicht genau widerspiegelt. Je mehr Sie außerhalb der Übereinstimmung mit Ihren persönlichen Werten leben, desto mehr wird Ihre autobiografische Stimme von negativen Gedanken geplagt, die Sie bedrängen. Die Worte, die Sie von Ihren eigenen Mobbern gehört haben oder als andere über Menschen getratscht haben, die von Ihrer Gruppe als nicht „akzeptabel" angesehen wurden, werden in Ihrem Kopf erklingen. Jedes Mal, wenn Sie sich auf eine Art und Weise verhalten oder denken, von der Sie wissen, dass sie von Ihrer Gruppe als schlecht oder falsch angesehen wird, werden Sie in Ihrem Kopf Gedanken durchspielen wie: „Warum kann ich nicht einfach normal sein?", „Warum bin ich in allem so schlecht?" oder „Warum kann ich es nie richtig machen?" Wenn diese Gedanken immer wieder auftauchen, werden Sie feststellen, dass sich Ihr Selbstwertgefühl und Ihr Selbstvertrauen verschlechtern. Ihre Fähigkeit, sich würdig und fähig zu fühlen, wird abnehmen, da Sie sich ständig an Standards messen, die nicht genau das widerspiegeln, was Sie wertschätzen oder glauben.

Um aus den Fallen dieser negativen Werte und Glaubenssysteme herauszukommen, müssen Sie damit beginnen, die Emotionen zu erforschen, die Sie gefangen halten. Sie müssen anfangen, darauf zu achten, wie Sie sich fühlen, was Ihre verschiedenen Gedanken bei Ihnen hervorrufen und wie sich Ihre Emotionen auf Ihr Leben auswirken. Indem Sie Ihren emotionalen Gesamtzustand einschätzen und sich darüber klar werden, was Sie tatsächlich in Ihrem Inneren fühlen, können Sie herausfinden, ob Sie aktiv in Übereinstimmung mit Ihren *wahren* Werten leben oder nicht. Wenn das nicht der Fall ist, müssen Sie anfangen, Veränderungen vorzunehmen, damit Sie ein Leben führen können, das sich für Sie besser anfühlt.

In der Zwischenzeit gibt Ihnen das Erkennen Ihres andauernden emotionalen Zustands eine allgemeine Vorstellung davon, ob Ihre derzeitige Selbstwahrnehmung akkurat und produktiv oder ungenau und destruktiv ist. Wenn Sie in einem chronischen Zustand emotionalen Aufruhrs leben und sich ständig überwältigt, wertlos, unmotiviert oder von niedrigem Selbstwertgefühl und geringem Selbstvertrauen geplagt fühlen, können Sie mit ziemlicher Sicherheit garantieren, dass Ihre Wahrnehmung Ihrer Identität fehlerhaft ist. Es ist wahrscheinlich, dass Sie derzeit damit kämpfen, Ihren persönlichen Werten gerecht zu werden, sodass Ihr autobiografisches Selbst weiterhin versucht, Ihnen zu helfen, sich in eine Identität „einzufügen", in die Sie eigentlich nicht passen. Infolgedessen tadelt Sie Ihr autobiografisches Selbst jedes Mal, wenn Sie nicht zu dieser Identität passen, auf die gleiche Weise, wie die Menschen in Ihrer Gruppe oder Gesellschaft Sie tadeln würden, wenn sie wüssten, was Sie tun oder denken. Obwohl die Funktion dieses Aspekts Ihres Selbst Ihnen helfen soll, sich anzupassen und geschützt zu bleiben, kann sie auch sehr schädlich werden und intensive Gefühle des Selbsthasses und der Unwürdigkeit erzeugen. Aus diesem Grund ist es wichtig, dass Sie erkennen, ob und wann diese Funktion oder innere Stimme nicht in Ihrem besten Interesse handelt, damit Sie die Kontrolle zurückerlangen und anfangen können, in tieferer Übereinstimmung mit dem zu handeln, was Sie *wirklich* sind.

Wenn Ihre Emotionen im Allgemeinen positiv sind bzw. Sie zufrieden sind, Sie aber gelegentlich intensive Ausbrüche von emotionalem Aufruhr erleben, stehen die Chancen gut, dass Sie größtenteils in Übereinstimmung mit Ihren Grundwerten leben. Es gibt jedoch wahrscheinlich bestimmte Zeiten in Ihrem Leben, in denen Ihre persönlichen Werte und die äußeren Werte (bzw. die Werte der Menschen um Sie herum) nicht übereinstimmen. Infolgedessen fühlen Sie sich vielleicht wütend, traurig oder ängstlich, weil Sie befürchten, dass Sie nicht „akzeptiert" werden, wenn Sie nicht die Werte der anderen Person verkörpern. In diesem Fall müssen Sie vielleicht nicht so drastische Veränderungen vornehmen, aber Sie müssen dennoch die Kontrolle über Ihren Verstand, Ihre inneren Überzeugungen und Ihre gewählten Verhaltensweisen übernehmen, um sicherzustellen, dass Sie Ihrem inneren Selbst treu bleiben.

Der beste Weg, Ihre Emotionen zu entdecken und zu verstehen, besteht darin, regelmäßig Tagebuch zu führen. Wenn Sie Ihre Gedanken, Gefühle und Erfahrungen dann aufschreiben, wenn Sie eine besonders intensive emotionale Reaktion auf die Welt um Sie herum haben oder auch am Ende eines jeden Tages, gibt Ihnen die Möglichkeit, zu erkennen, was Sie tatsächlich fühlen. Versuchen Sie beim Tagebuchschreiben, alles, was Sie wirklich fühlen, genau wiederzugeben, indem Sie diesen Emotionen auf den Grund gehen und sie bei ihrem wahren Namen nennen. Wenn Sie also ein Gefühl der Eifersucht auf jemanden verspüren, weil er scheinbar besser in die Gemeinschaft passt als Sie, stellen Sie sicher, dass Sie diese Emotion als Eifersucht bezeichnen und nicht etwa als Wut oder Frustration. Auf diese Weise können Sie ehrlich verstehen, was Sie fühlen, und diesem Gefühl die Anerkennung geben, nach der es sich sehnt. Sie können auch versuchen herauszufinden, *warum* Sie diese Emotion fühlen, indem Sie aufschreiben, welche Überzeugungen oder Werte Sie haben, die dazu führen, dass diese Emotion überhaupt auftaucht. Wenn Sie sich unsicher sind, analysieren Sie einfach Ihre Gedanken und schauen Sie, was sie Ihnen suggerieren. Wenn Ihre Gedanken z. B. Eifersucht widerspiegeln, weil Sie sich anpassen wollten und Sie das Gefühl hatten, dass eine andere Person sich mit *Leichtigkeit* angepasst hat, dann könnte es sein, dass Sie der Überzeugung sind, dass es einfach sein sollte, sich an andere anzupassen. Weil es Ihnen nicht leichtgefallen ist, sich anzupassen, oder weil Sie so hart arbeiten mussten, um Ihren persönlichen Werten zu trotzen, haben Sie dann vielleicht das Gefühl, dass Sie schlecht sind oder dass etwas mit Ihnen nicht stimmt. In Wirklichkeit ist es wahrscheinlich leicht für Sie, sich anzupassen, solange Sie mit den richtigen Leuten zusammen sind, die Ihre Werte und Überzeugungen genau widerspiegeln. Ich empfehle Ihnen, mindestens einmal am Tag in dieses Tagebuch zu schreiben, damit Sie beginnen können, ein klareres Verständnis für Ihre Emotionen und Ihre Werte zu bekommen und auch dafür, warum Ihr Leben Ihre Werte möglicherweise nicht widerspiegelt. Wenn Sie beginnen, dies schwarz auf weiß zu sehen, wird es viel einfacher, Mitgefühl für sich selbst zu entwickeln, weil Sie beginnen, Antworten darauf zu finden, warum Sie sich im Moment nicht wie ein guter oder würdiger Mensch fühlen.

Ängste und Unsicherheiten

Wenn Sie Ihre Emotionen in Ihrem Tagebuch aufschreiben, werden Sie wahrscheinlich eine Menge Einträge erzeugen, die sich um Ängste und Unsicherheiten drehen. Ihre Ängste mögen im Großen und Ganzen albern oder unsinnig klingen, aber erkennen Sie, dass allein die Tatsache, dass Sie sie fühlen, sie gültig und der Anerkennung und Heilung würdig macht.

Die Ängste und Unsicherheiten, die Sie dokumentieren, vor allem wenn Sie feststellen, dass Sie weitgehend außerhalb Ihrer Werte leben, werden sich wahrscheinlich in etwa so lesen:

- „Ich habe Angst, der Liebe nicht würdig zu sein."
- „Keiner liebt mich, weil _____."
- „Wenn ich _____ ändere, habe ich niemanden mehr."
- „Ich verdiene es nicht, meinen eigenen Weg oder meine eigene Art, Dinge zu tun, zu haben."
- „Wenn ich etwas ändere, werden sie mich nicht mehr akzeptieren."
- „Ich werde gemobbt, wenn ich meinen eigenen Weg gehe."
- „Meine Entscheidung, meinen eigenen Weg zu gehen, könnte zu ewiger Verdammnis führen."
- „(Fügen Sie hier Ihren religiösen Führer/ Ihre Gottheit ein) wird mich nicht akzeptieren, wenn ich meine eigenen Werte ehre."
- „Es ist mir nicht erlaubt, anders zu sein."
- „Ich könnte ganz allein sterben, wenn ich etwas ändere."

Die Angst, die Dinge in Ihrem Leben zu verlieren, und die Angst, ungeliebt oder der Liebe unwürdig zu sein, wenn Sie sich dazu entscheiden, in Übereinstimmung mit Ihren eigenen Werten zu leben, sind weit verbreitet. Viele Menschen, die nicht in Übereinstimmung mit ihrer Selbstwahrnehmung leben, machen einfach so weiter, weil sie sich sorgen, alles zu verlieren, wenn sie ihren eigenen Glauben oder ihre Werte ehren. Die Vorstellung, ihre Liebsten, ihr Anrecht darauf, in den Himmel zu kommen oder ein positives Leben nach dem Tod zu führen (wenn Sie religiös sind), ihren Status, ihr Zuhause, ihren Wert oder irgendetwas anderes, das sie schätzen, zu verlieren, reicht aus, um sie in Werten gefangen zu halten, die ihnen nicht wirklich dienen.

Oft werden diese Ängste in der Kindheit entwickelt und nie infrage gestellt oder angepasst, wenn eine Person heranwächst. Obwohl diese Ängste selten ein genaues Abbild dessen sind, was passieren würde, wenn Sie anfangen würden, in Übereinstimmung mit Ihren eigenen Werten zu leben, existiert die Angst weiter. Solange Sie sich nicht entscheiden, diese Ängste herauszufordern, ihnen wirklich auf den Grund zu gehen und sie zu heilen, werden Sie weiterhin in einem Zustand der Angst und des Unbehagens leben, selbst wenn diese Ängste eigentlich unbegründet sind.

Der beste Weg, Ihre Ängste herauszufordern, besteht darin, sich eine ganz einfache Frage zu stellen: „Und was dann?" Indem Sie sich diese Frage stellen, erlauben Sie sich, das Szenario dessen, was passieren könnte, wenn Sie Ihren eigenen Werten folgen, weiter durchzuspielen – bis Sie den Punkt erreichen, an dem Sie erkennen, dass es unwahrscheinlich ist, dass etwas Schlimmes passieren wird.

Kapitel 2

Selbstmitgefühl

In unserer modernen Gesellschaft wird uns beigebracht, so viel Druck wie möglich auf uns selbst auszuüben, um zu versuchen, unseren Erfolg weiter voranzutreiben. Wir hören oft davon, „wie man schneller wächst" oder „wie man seine Ziele früher erreicht". Was wir jedoch selten hören, ist, wie wir mitfühlend mit uns selbst sein können, wenn wir uns nicht mit der Geschwindigkeit fortbewegen, die wir laut der Gesellschaft zu erreichen haben. Infolgedessen wissen nur sehr wenige Menschen wirklich, wie sie Selbstmitgefühl erfahren können, wenn sie sich in einem Trott befinden, im Leben nicht vorankommen oder sich nicht in dem rasanten Tempo fortbewegen, das die Gesellschaft als „akzeptabel" ansieht.

Wenn Sie nicht in der Lage sind, mit sich selbst mitfühlend zu sein, drängen Sie sich am Ende dazu, Dinge zu erreichen, die in Ihrer Lebenswelt in diesem Moment einfach nicht erreichbar sind. Anstatt mit sich selbst mitfühlend zu sein, setzen Sie sich selbst noch mehr unter Druck, um möglichst die nächste Stufe Ihres Erfolgs oder Ihres Lebens zu erreichen, während Sie in Wirklichkeit nur dafür sorgen, dass Sie sich noch schlechter fühlen. Anstatt sich motiviert und bereit zu fühlen, in Aktion zu treten, fühlen Sie sich am Ende unmotiviert und haben das tiefe Gefühl, nicht gut genug oder würdig genug zu sein, um den Erfolg zu erreichen, den Sie sich wünschen. In Wirklichkeit hat Ihre Unfähigkeit, voranzukommen, nichts damit zu tun, dass Sie nicht gut genug oder würdig genug sind, sondern lediglich damit, dass Sie nicht mitfühlend genug sind. Was Sie wirklich tun müssen, ist, sich selbst gegenüber Mitgefühl zu zeigen, sich die Zeit zu nehmen, zu verstehen, warum Sie sich abmühen, und sich mit den Hilfsmitteln auszustatten, die Sie brauchen, um Ihre Emotionen zu überwinden und die nächsten Schritte in Ihrem Leben zu gehen. Manchmal besteht der schnellste Weg durch eine schwierige Zeit darin, alles langsamer anzugehen und einfach mitfühlend mit sich selbst zu sein.

Elisa Peters

Die buddhistische Psychologie des Selbstmitgefühls

Im Buddhismus wird viel Wert auf die Bedeutung des Selbstmitgefühls gelegt und darauf, wie es hilft, den Geist einer Person buchstäblich zu verändern. Buddhisten lehren Selbstmitgefühl oft durch die Kunst der Meditation, die dazu dient, dass Menschen nicht nur kognitiv, sondern auch emotional bewusster mit sich selbst umgehen. Durch das Sitzen in achtsamer Meditation sind Buddhisten in der Lage, ihre Emotionen in den Vordergrund zu rücken und sie als das zu erkennen, was sie sind. Sie sind auch in der Lage, zu erkennen, warum diese Emotionen existieren und welche Botschaft sie der meditierenden Person zu vermitteln haben. Durch ihre Zen-Traditionen klären buddhistische Lehrer die Menschen über die Bedeutung von Selbstakzeptanz und Selbstmitgefühl auf. In ihren Augen sind diese beiden Praktiken wesentlich, um den Zustand von *Shunyata* oder ‚Leerheit' zu erreichen.

In der Psychotherapie haben viele Spezialisten der positiven Psychologie begonnen, auch die Konzepte der Selbstakzeptanz und des Selbstmitgefühls zu erforschen. Durch das Studium von Handlungen wie

Meditation und Selbstmitgefühl haben Psychologen herausgefunden, dass eine der einfachsten Möglichkeiten, das psychische Wohlbefinden einer Person sowohl in der Gegenwart als auch in der Zukunft zu bestimmen, in der Analyse des Grades ihrer Selbstakzeptanz besteht. Eine Person, die sich selbst akzeptiert, ist mit größerer Wahrscheinlichkeit auch sich selbst gegenüber mitfühlend, was bedeutet, dass sie weniger wahrscheinlich danach strebt, Erfolgsstandards zu erreichen, die nicht mit ihren wahren Überzeugungen übereinstimmen.

Zwar wurden Selbstakzeptanz und Selbstmitgefühl schon immer geschätzt, doch nun beginnen Psychologen wirklich zu verstehen, wie diese beiden Zustände der Achtsamkeit tatsächlich zum allgemeinen Wohlbefinden von Menschen beitragen. Wenn Sie lernen, wie Sie Ihre Fähigkeit, Selbstakzeptanz und Selbstmitgefühl zu erleben, verbessern können, z. B. durch buddhistische Meditation, werden Sie in der Lage sein, Ihre Gedanken positiver und produktiver zu gestalten. Dann werden Sie auch nicht mehr in einem chronischen Zustand gefangen sein, in dem Sie sich von sich selbst enttäuscht fühlen und das Gefühl haben, im Leben zu versagen.

Die Rolle des Selbstmitgefühls

Selbstmitgefühl ist eines der effektivsten mentalen Hilfsmittel, mit denen Sie sich ausstatten können. Wenn es darum geht, sich selbst die Möglichkeit zu geben, im Leben wirklich voranzukommen, ist Selbstmitgefühl ein Schlüssel, der alles verändern wird. Wenn es Ihnen an Selbstmitgefühl mangelt, kann es schwierig sein, sich selbst als positives, würdiges und liebenswertes menschliches Wesen zu sehen, das gut genug ist. Ein Mangel an Selbstmitgefühl kann dazu führen, dass Sie ständig danach streben, mehr zu tun und mehr zu sein, weil es Ihnen schwerfällt, sich selbst gegenüber mitfühlend zu sein, wenn Sie in Ihrem Leben nicht die eigentlich unangemessen hohen Standards erreichen. Dieser Mangel an Selbstmitgefühl kann zu der Besessenheit führen, perfekt werden zu wollen, was, wie Sie wahrscheinlich wissen, niemals erstrebenswert ist, da Perfektion wirklich kein erreichbarer Lebensstandard ist.

Wenn Sie unweigerlich daran scheitern, der perfekte Mensch zu werden – der perfekte Freund, das perfekte Kind, der perfekte Ehepartner, der perfekte Elternteil, der perfekte Angestellte oder welche Rolle Sie auch immer in Ihrem Leben spielen, dann empfinden Sie am Ende eine immense innere Traurigkeit. Diese Traurigkeit führt dazu, dass Sie sich fragen, was mit Ihnen nicht stimmt und warum Sie den perfekten Standard, den Sie für sich selbst aufgestellt haben, nicht erreichen können. Anstatt zu erkennen, dass Perfektion nicht erreichbar ist, und Ihren Standard als unangemessene Erwartung zu sehen, sehen Sie sich am Ende als unfähig und unwürdig an. Diese Art von Fehleinschätzung kann tiefe und schmerzhafte innere Konflikte hervorrufen, die letztlich dazu führen, dass Sie sich aufgrund einer Alles-oder-Nichts-Einstellung nicht fähig oder würdig fühlen, in Ihrem Leben voranzukommen.

Wenn Sie sich mit Selbstmitgefühl ausstatten, ändern Sie Ihre Sichtweise so, dass Sie sich selbst als einen Menschen erkennen, der nur in der Lage ist, menschliche Dinge in seinem Leben zu erreichen. Anstatt zu versuchen, sich an die unerreichbaren Standards des Perfektionismus zu halten, fangen Sie an, sich an vernünftigere und realistischere Standards zu halten, die es Ihnen erlauben, wirklich Fortschritte im Leben zu machen. Wenn Sie sich dabei ertappen, einen Fehler zu machen oder mit etwas zu kämpfen, können Sie sich stattdessen darauf konzentrieren, mit sich selbst Mitgefühl für Ihre Erfahrung zu haben, anstatt sofort zu denken, dass etwas mit Ihnen nicht stimmt. Durch Selbstmitgefühl werden Sie langsamer, erkennen Ihre wahren Emotionen und arbeiten sie auf liebevolle und sanfte Weise auf, sodass Sie sie vollständig fühlen und sich anschließend von ihnen lösen können. Wenn Sie Ihre herausfordernden Emotionen oder Rückschläge vollständig verarbeitet und hinter sich gebracht haben, können Sie ohne Schwierigkeiten wieder anfangen, sich auf Ihre Ziele zuzubewegen. Auch wenn es den Anschein hat, dass Sie nur langsam vorankommen, kommen Sie in Wirklichkeit schneller voran, weil Sie auf dem Weg dorthin keine extremen Stufen von Burn-out und Überforderung erreichen. Sie hören auch auf, sich selbst mit Ihrer Alles-oder-Nichts-Haltung im Weg zu stehen, die dazu führt, dass Sie sich nicht trauen, neue Projekte zu beginnen, weil Sie befürchten, sie nicht mit Perfektion durchführen zu können.

Der Nutzen des Selbstmitgefühls

Selbstmitgefühl hat viele positive Vorteile, die Ihnen insgesamt zu einem besseren Leben verhelfen können. Wenn Sie sich selbst gegenüber mitfühlend sind, lassen Sie sich im Wesentlichen selbst die sanfte Freundlichkeit zukommen, nach der Sie sich in anstrengenden Zeiten sehnen. Stellen Sie sich Ihre inneren Emotionen wie ein kleines Kind vor. Wenn

Sie herausfordernden Situationen begegnen, die zu dem Gefühl führen, nicht gut genug oder nicht fähig genug zu sein, ist es wahrscheinlich, dass Sie auch emotional erschöpft sind. Anstatt sich positiv und hoffnungsvoll zu fühlen, fühlen Sie sich wahrscheinlich ängstlich, wütend, traurig und sogar beschämt. Wenn Sie sich als kleines Kind so gefühlt haben, haben Sie sich nach der Aufmerksamkeit eines Erwachsenen gesehnt, der mehr Erfahrung mit seinen Emotionen hat, der Sie trösten und Ihnen sagen kann, dass alles wieder gut wird. Auch als Erwachsener mit herausfordernden oder schwelenden Emotionen sehnen Sie sich wahrscheinlich immer noch nach genau dieser Erfahrung – jemanden zu haben, der bei Ihnen ist, Sie während schwieriger Zeiten tröstet und Sie wissen lässt, dass alles wieder gut wird. Natürlich ist es als Erwachsener nicht gerade vernünftig, zu glauben, dass wir jemanden in unserem Leben haben werden, der uns das jedes Mal bieten kann, wenn wir auf eine Herausforderung stoßen, also müssen wir selbst diese Person für uns sein.

Hier kommen die Vorteile des Selbstmitgefühls ins Spiel. Wenn Sie beginnen, der mitfühlende, sanfte, liebevolle und freundliche Erwachsene zu werden, den Ihr inneres Kind braucht, wird die Bewältigung von Herausforderungen in Ihrem Leben sehr viel leichter. Anstatt zu versuchen, sich durch missbräuchliche Handlungen wie Mobbing oder noch mehr Druck gegenüber sich selbst in die Unterwerfung zu peitschen, kommen Sie stattdessen sich selbst zu Hilfe und trösten sich. Durch diesen sanften Akt des Mitgefühls kann der Teil von Ihnen, der sich verlassen, falsch, beschämend oder ängstlich fühlt, getröstet und geheilt werden. Sie beginnen, schönere Gefühle von Glück und Optimismus zu erleben, und Ihr Geist wird neugieriger und abenteuerlustiger. Wenn Sie weiterhin mehr Mitgefühl für sich selbst zeigen, entwickelt sich Ihre innere Weisheit und Sie werden zuversichtlicher in Ihrer Fähigkeit, einen positiven Einfluss auf die Menschen um Sie herum zu haben. Sie erleben Gefühle der Hoffnung und des Vertrauens, und Ihre Fähigkeit, einen Traum zu verfolgen und ihn zu verwirklichen, verbessert sich, weil Sie Eigeninitiative und ein Ziel entwickeln. Da Sie sich nicht mehr selbst in einen Zustand versetzen, indem Sie zu viel Angst haben, um sich zu bewegen oder eine Entscheidung zu treffen, sind Sie in der Lage, sich zu öffnen und mit einer positiveren und optimistischeren Vision der Welt und der Art und Weise, wie Ihr Leben aussehen kann, nach vorn zu blicken.

Selbstmitgefühl zu entwickeln, bedeutet nicht, dass Sie nicht auf Herausforderungen stoßen oder manchmal Angst oder Unsicherheit erleben werden, sondern es bedeutet, dass Sie wissen, wie Sie sich selbst während dieser Erfahrungen unterstützen können. Durch diese Fähigkeit zur Unterstützung werden Sie in der Lage sein, einen Weg nach vorne zu finden, der sich wirklich gut anfühlt und Ihnen erlaubt, zu wachsen und sich mit Leichtigkeit vorwärtszubewegen. Sie werden die Ketten des Pessimismus und der Selbstkritik sprengen, die Sie bisher zurückgehalten haben, und beginnen, bewusster und intensiver zu leben, was Ihnen erlaubt, jede Herausforderung, der Sie gegenüberstehen, mit Bestimmtheit zu bewältigen.

Verbreitete Missverständnisse zum Selbstmitgefühl

Die moderne Welt sieht Dinge wie Selbstmitgefühl als schwach, ineffektiv und weich an. Uns wird oft beigebracht, dass wir nicht fähig genug sind, alles, was uns bevorsteht, zu überstehen und dabei vorwärtszukommen, wenn wir langsamer werden und Mitgefühl für uns selbst haben. Anstatt ermutigt zu werden, Selbstmitgefühl zu haben, werden wir ermutigt, noch mehr zu kämpfen und uns weiter vorwärts zu zwingen, bis wir wirklich keine Energie oder keinen Willen mehr haben, weiterzukämpfen. Aufgrund dieser Konditionierung sehen so viele

Menschen Selbstmitgefühl nicht als eine positive, aufbauende Handlung, die Ihnen wirklich helfen kann. Stattdessen betrachten sie Selbstmitgefühl als eine negative, schwache Eigenschaft, die beweist, dass Sie unfähig sind und dass etwas mit Ihnen nicht stimmt. Doch nichts könnte weiter von der Wahrheit entfernt sein als diese Behauptung.

Wenn Sie Mitgefühl für sich selbst ausdrücken, zeigen Sie damit kein Zeichen von Schwäche oder beweisen, dass Sie unfähig sind, ein herausforderndes Hindernis zu überwinden. Vielmehr zeigen Sie damit, dass Sie mit genau dem Maß an emotionaler Intelligenz ausgestattet sind, das erforderlich ist, um alles zu bewältigen. Menschen, die sich selbst gegenüber mitfühlend sind, wissen, dass sie durch das Selbstmitgefühl herausfordernde Erlebnisse mit größerer Leichtigkeit und ohne dauerhafte Auswirkungen überstehen können. Indem sie ihre Emotionen vollständig verarbeiten und auf diesem Weg Mitgefühl für sich selbst ausdrücken, verfügen selbstmitfühlende Menschen tatsächlich über eine weitaus nachhaltigere Bewältigungsmethode als alle anderen.

Selbstmitgefühl ist auch keine langfristige Mitleidsparty, bei der Sie herumsitzen und sich selbst und die Schwierigkeiten, die Sie in Ihrem Leben erleben, bemitleiden. Wenn Sie Selbstmitgefühl erleben, blenden Sie nicht die schlechten Dinge aus oder suhlen sich darin, wie mühsam Ihr Leben ist. Stattdessen stimmen Sie sich wirklich auf Ihre wahren Emotionen ein, erkennen sie an und verarbeiten sie auf vollständige Weise. Durch diesen abgeschlossenen Prozess sind Sie in der Lage, sich von dem Gefühl, unfähig oder unwürdig zu sein, zu lösen und diese Zweifel auf eine vollständigere Art und Weise loszulassen, was bedeutet, dass sie nicht länger anhalten und in Zukunft weitere Probleme verursachen werden. Das Ergebnis ist ein sehr produktiver und lösungsorientierter Umgang mit Ihren Emotionen und nicht einer, bei dem Sie einfach nur herumsitzen und das Opfer Ihrer eigenen Emotionen spielen.

Ein weiteres häufiges Missverständnis, besonders bei Menschen, die unter Perfektionismus leiden, ist, dass Selbstmitgefühl zu Selbstgefälligkeit führt. Wenn Sie denken, dass Sie sich selbst eine Ausrede oder einen Freifahrtschein geben, um zu vermeiden, dass Sie in Ihrem Leben Fortschritte machen müssen, wenn Sie sich selbst Mitgefühl zeigen, dann geben Sie sich einem falschen Glauben darüber hin, was Selbstmitgefühl wirklich ist. Selbstmitgefühl ist nicht dazu gedacht, Sie davon abzuhalten, irgendetwas in Ihrem Leben zu erreichen. Wenn Sie es auf diese Weise benutzen, dann ist es kein Selbstmitgefühl, sondern stattdessen eine Ausrede. Wahres Selbstmitgefühl bedeutet nicht, sich selbst zu erlauben, nichts zu tun und nichts zu erreichen. Es geht darum, ehrlich und realistisch in Bezug auf das zu sein, was Sie erreichen können, und zu erkennen, dass Ihre persönliche Geschwindigkeit im Leben schnell genug ist. Sie müssen nicht an irgendeinem schrecklichen Glauben darüber festhalten, dass Sie sich schneller bewegen sollten, als es Ihnen zumutbar ist – es ist Ihnen erlaubt, sich in Ihrem eigenen Tempo zu bewegen, und das ist sicherlich genug.

Menschen neigen auch oft zu der großen Angst, dass sie, wenn sie selbstmitfühlend werden, dadurch narzisstisch werden. Das ist völlig unwahr. Selbstmitgefühl und Narzissmus sind völlig unterschiedliche Eigenschaften, und wenn Sie selbstmitfühlend sind, laufen Sie ganz sicher nicht Gefahr, narzisstisch zu werden. Wahrer Narzissmus entsteht aus der inneren Überzeugung, dass Sie besser sein müssen als alle anderen um Sie herum und dass Sie alles tun, sagen und denken werden, was nötig ist, um in Ihrem Leben Erfolg zu haben. Ein echter Narzisst ist nicht jemand, der aufrichtig danach strebt, sich selbst zu verbessern, sondern jemand, der ein tiefes Bedürfnis danach verspürt, besser als alle anderen zu sein, und zwar als Folge einer psychischen Störung, die dazu führt, dass er die Welt auf eine sehr desillusionierte Weise sieht. Wenn Sie selbstmitfühlend sind, gehen Sie nicht mit einer Illusion an das Leben heran, sondern mit dem höchst beabsichtigten Wunsch, sich tatsächlich zu verbessern und ein besseres Leben zu führen. Wahres Selbstmitgefühl ist nicht der Versuch, besser zu sein als alle anderen, sondern der Versuch, besser zu sein als die Person, die man am Tag zuvor war.

Selbstmitgefühl ist auch nicht selbstsüchtig. Oft wird Menschen, die Selbstmitgefühl ausdrücken, von anderen gesagt, dass sie egoistisch und rücksichtslos gegenüber ihren Mitmenschen sind. Nehmen wir zum Beispiel an, dass es Ihnen schwerfällt, bei Familientreffen eine positive Erfahrung zu machen, weil Sie von Ihrer Familie eher negativ behandelt werden. Die Entscheidung, nicht an großen Familientreffen teilzunehmen, wäre nicht selbstsüchtig, sondern eine positive Form der Selbstfürsorge und der Rücksichtnahme auf sich selbst. Auch wenn Ihre Familie vielleicht versucht, Ihnen einzureden, dass Sie selbstsüchtig sind, ist es in Wirklichkeit so, dass Sie einfach Mitgefühl für sich selbst und Ihre Bedürfnisse zeigen, indem Sie zugeben, dass Sie nicht an einem negativen Abendessen teilnehmen möchten.

Zuletzt ist zu sagen, dass Selbstmitgefühl und Selbstwertgefühl nicht dasselbe sind. In den letzten Jahren
ist eine Bewegung, die als „Selbstwertgefühl-Bewe-
gung" bekannt ist, zutage getreten und hat die Menschen dazu ermutigt, ihr Selbstwertgefühl zu steigern.
Seltsamerweise hat nach der Verbreitung der Selbst-
wert-Bewegung der Narzissmus zugenommen, was
als „Narzissmus-Epidemie" bekannt ist. „Selbstwertgefühl" ist ein Wort, das das Ausmaß an Vertrauen in
die eigenen Fähigkeiten bzw. das Ausmaß an Selbstachtung misst oder sich darauf bezieht. Selbstmitgefühl hingegen bezeichnet den Akt, Mitgefühl mit sich
selbst zu haben. Unabhängig von Selbstvertrauen und
Selbstachtung bedeutet Mitgefühl, eine verständnis-
volle Anteilnahme am eigenen Leiden oder am Un-
glück anderer zu haben. Wenn Sie Mitgefühl für sich
selbst haben, ist Ihr Ziel nicht, Ihr Selbstvertrauen
oder Ihre Selbstachtung zu erhöhen, sondern stattdessen die Menge an Mitgefühl zu erhöhen, die Sie
sich selbst und Ihren persönlichen Erfahrungen ent-
gegenbringen.

Den Akt der Großzügigkeit ausbalancieren

Der Mythos, dass Selbstmitgefühl egoistisch ist, rührt
wahrscheinlich von der Vorstellung her, dass Menschen, die selbstmitfühlend sind, nicht großzügig sind

bzw. nicht großzügig mit anderen teilen. Nehmen wir an, Sie haben einen Freund, der Sie regelmäßig um Gefallen bittet, sodass Sie jedes Mal, wenn er Sie anruft, bereits wissen, dass er Sie wahrscheinlich nur wieder anruft, um Sie um einen Gefallen zu bitten. Wenn Sie in diesem Fall aufhören würden, ständig „Ja" zu sagen und stattdessen anfangen würden, „Nein" zu sagen, weil sich ein „Nein" wie ein Akt des Selbstmitgefühls anfühlt, z. B. wenn Sie wirklich nicht die Energie oder die Mittel haben, den Gefallen zu erfüllen, könnte Ihr Freund wütend werden. Er könnte der Meinung sein, dass Sie egoistisch oder unfair sind, während Sie in Wirklichkeit einfach nur Selbstmitgefühl üben, indem Sie anderen Menschen gegenüber nicht mehr versprechen, als Sie zu leisten bereit sind.

Nur weil Sie sich entscheiden, selbstmitfühlend zu sein, bedeutet das nicht, dass Sie nicht mehr großzügig sein werden, es bedeutet einfach, dass wenn Sie großzügig sind, es auch ein Akt der Selbstliebe sein wird. Sie werden nicht mehr zustimmen oder versprechen, Dinge zu tun, wenn Sie eigentlich Nein sagen wollen, weil Sie erkennen, dass es nicht in Ihrem besten Interesse ist, wenn Sie das tun, also werden Sie Selbstmitgefühl praktizieren. Weil Sie nicht mehr so vielen Dingen zustimmen, bei denen Sie sich schlecht fühlen, werden Sie auch nicht mehr ständig das Gefühl haben, von Dingen überwältigt zu werden, die Sie gar nicht tun wollen. Infolgedessen wird die Großzügigkeit, die Sie geben, echter und aufrichtiger sein und sie wird Sie nicht belasten oder dazu führen, dass Sie sich überwältigt oder erschöpft fühlen. Das bedeutet, dass Sie wahrscheinlich sogar noch großzügiger gegenüber anderen sein werden, nur dass sich Ihr Geben mehr darauf konzentrieren wird, Dinge zu tun, die auch Ihnen ein gutes Gefühl oder Freude bereiten. Durch diese selektive Großzügigkeit werden Sie mehr Energie zum Teilen und Geben haben und sowohl Sie als auch die Person, der Sie etwas geben, werden sich durch das, was Sie beide erhalten, positiv fühlen.

Damit Sie damit beginnen können, die Akte des Selbstmitgefühls und der Großzügigkeit auszubalancieren, müssen Sie zunächst herauszufinden, wo beim Geben Ihre Grenzen liegen. Wenn Sie darüber noch nie nachgedacht haben, stehen die Chancen gut, dass Sie viel mehr geben, als Sie wirklich brauchen. Dieses übermäßige Geben hat wahrscheinlich dazu geführt, dass Sie sich mindestens einmal in Ihrem Leben ausgebrannt, benutzt, nicht gewürdigt oder völlig frustriert gefühlt haben, aber wahrscheinlich noch viele weitere Male. Wenn Sie sich damit auseinandersetzen, wo Sie sich bei Ihren großzügigen

Handlungen am schlechtesten fühlen, können Sie beginnen, diesen Handlungen des Gebens Grenzen zu setzen, sodass Sie sich nach dem Geben an andere nicht mehr so ausgelaugt fühlen. Vielleicht erwartet zum Beispiel ein Familienmitglied ständig zu viel von Ihnen und es fühlt sich für Sie überwältigend an, wenn Sie versuchen, diese Anforderungen zu erfüllen. Anstatt sich in diesem ständigen Zustand der Überforderung und des Grolls gefangen zu fühlen, können Sie bezüglich dessen, wie viel Sie bereit sind, dieser Person zu geben, eine Grenze zu setzen. Vielleicht werden Sie nur dann etwas geben, wenn Sie wirklich das Gefühl haben, dass Sie die Energie, die Ressourcen und den Wunsch dazu haben, und unter allen anderen Umständen werden Sie Nein sagen. Wenn Sie diese Grenze aufrechterhalten, stellen Sie sicher, dass Sie sich nicht selbst erschöpfen, indem Sie versuchen, dem besagten Familienmitglied zu viel zu geben. Es wird einige Zeit dauern, bis Sie Ihre Grenzen erkennen, aber sobald Sie das getan haben, wird es Ihnen viel leichter fallen, sie aufrechtzuerhalten und beim Akt der Großzügigkeit Selbstmitgefühl zu zeigen. Durch diesen Akt des Selbstmitgefühls werden Sie feststellen, dass das Geben herzlicher und aufrichtiger wird und dass Sie sich nicht mehr verpflichtet fühlen, jedes Mal zu geben, wenn jemand Sie um etwas bittet.

Selbstmitgefühl entwickeln

In einer Gesellschaft, die die Bedeutung des Selbstmitgefühls nicht wirklich würdigt und regelmäßig das genaue Gegenteil propagiert, fragen Sie sich vielleicht: *„Wie kann ich mir selbst gegenüber mitfühlender werden?"* Diese Antwort ist völlig vernünftig und berechtigt, vor allem, wenn Mitgefühl etwas ist, das Ihnen in Ihrem Leben nicht sehr oft beigebracht oder gezeigt wurde. Im Folgenden habe ich drei Schritte skizziert, mit denen Sie noch heute beginnen können, um sich selbst mehr Mitgefühl zu zeigen.

Vergebung gegenüber sich selbst üben

Wenn Sie die ganze Fülle des Selbstmitgefühls erfahren wollen, müssen Sie anfangen, sich selbst gegenüber Vergebung zu üben. Wenn Sie sich selbst für Ihre Fehler bestrafen und für Ihre Misserfolge verachten, wird das nur dazu führen, dass Sie noch mehr Angst vor der Vorstellung haben, in Ihrem Leben voranzukommen. Sie müssen anfangen, zu akzeptieren, dass Sie nicht perfekt sind und dass es völlig natürlich ist, Unzulänglichkeiten zu erleben. Jeder hat Fehler und jeder durchmacht den Prozess, sich selbst akzeptieren zu müssen, unabhängig davon, welche Fehler er in seiner Vergangenheit begangen hat, in seiner Gegenwart begeht oder in seiner

Zukunft begehen wird. Der Grund, warum man Sie wertschätzt und warum Sie sich selbst wertschätzen sollten, hat nichts damit zu tun, ob Sie Fehler haben oder nicht, sondern damit, wer Sie als Gesamtperson sind. Wenn Sie Ihr Leben mit einem aufrichtigen Herzen und in positiver Absicht führen, stehen die Chancen gut, dass Sie ein großartiger Mensch sind, und Sie verdienen es, dass man Ihnen die Fehler, die Sie in Ihrem Leben gemacht haben, verzeiht, egal wie groß oder klein sie sein mögen.

Eine wachstumsorientierte Denkweise fördern

Eine wachstumsorientierte Denkweise zu haben bedeutet, dass man bereit ist, sich auf Bereiche in seinem Leben zu konzentrieren, in denen man sich verbessern kann. Viele Menschen haben den Eindruck, dass sie „in ihren alten Mustern verharren" oder „sich nicht ändern können, selbst wenn sie es wollten." Diese Denkweise ist nicht hilfreich, wenn es darum geht, Selbstmitgefühl zu lernen, da sie Sie daran hindert, Ihre innere Weisheit zu entwickeln, die typischerweise mit der Entwicklung Ihres Selbstmitgefühls einhergeht. Indem Sie dem Leben mit einem Sinn für Neugier und der Bereitschaft, zu wachsen begegnen, öffnen Sie sich nicht nur für die Weisheit, die Sie brauchen, um sich selbst zu akzeptieren, sondern auch für die Denkweise, die Sie brauchen, um Ihre Unzulänglichkeiten zu akzeptieren. Eine wachstumsorientierte Denkweise bedeutet, dass Sie sich auf Wachstum konzentrieren, nicht auf Perfektion, sodass die Vorstellung, zu versagen oder einen Fehler zu machen, viel weniger beängstigend wird, weil nicht Perfektionismus Ihr Hauptziel ist, sondern Wachstum. Um damit zu beginnen, Ihre Denkweise weg vom Perfektionismus und hin zum Wachstum zu verlagern, konzentrieren Sie sich darauf, die Stimme Ihres inneren Kritikers zum Schweigen zu bringen. Vermeiden Sie es, sich mit anderen zu vergleichen, egal, mit wem, und suchen Sie sich Menschen, die Sie dazu inspirieren, ein besserer Mensch zu werden. Wenn Sie Vorbilder haben, die ebenfalls eine wachstumsorientierte Denkweise pflegen und die bereits Selbstmitgefühl ausüben oder darauf hinarbeiten, ist es viel einfacher, Ihre eigene wachstumsorientierte Denkweise zu fördern.

Dankbarkeit ausdrücken

Dankbarkeit ist ein Gemützustand, bei dem Sie sich aufrichtig dankbar fühlen für all die Segnungen, die Sie in Ihrem Leben erfahren. Wenn Sie dankbar sind, ist Ihre Fähigkeit, Ihr Leben als freudig und erfüllend zu betrachten, weitaus ausgeprägter, als wenn Sie es nicht sind. Sie bringen sich selbst auch bei, sich auf positivere Dinge im Leben zu konzentrieren, sodass Sie Ihren Fokus von Dingen wie Ihren Fehlern oder

Unzulänglichkeiten wegbringen können. Eine großartige Möglichkeit, Selbstmitgefühl zu entwickeln,
besteht darin, täglich Dankbarkeit gegenüber sich
selbst auszudrücken. Schauen Sie jeden Tag in den
Spiegel und nennen Sie drei bis fünf Gründe, warum Sie für sich selbst dankbar sind. Es kann sich
dabei um alles Mögliche handeln, von Ihrer Bereitschaft, dazuzulernen und einen Weg zu finden, sich
besser zu fühlen, bis hin zu Ihrer Fähigkeit, neue
Freundschaften zu pflegen und überall Gesellschaft
zu finden. Versuchen Sie, jeden Tag neue Dinge aus-
zuwählen, damit Sie anfangen können, eine Liste von
Gründen dazu zu erstellen, warum Sie ein so großartiger Mensch sind und warum Sie es verdienen,
sich selbst gegenüber Selbstmitgefühl auszudrücken.

Kapitel 3

Selbstakzeptanz

Selbstakzeptanz ist der nächste Schritt beim Erlernen von Selbstmitgefühl. Wenn Sie einen Sinn für Selbstakzeptanz entwickeln, werden Sie viel eher bereit sein, sich so zu akzeptieren, wie Sie sind. Als eine Person, die Selbstakzeptanz aufbringt, erlauben Sie sich, sich Ihrer Stärken und Schwächen bewusster zu werden und realistisch zu bleiben, was Ihre Talente und Fähigkeiten angeht. Sie entwickeln auch ein tieferes Selbstwertgefühl, weil Sie zu erkennen beginnen, dass Sie von Natur aus wertvoll sind, so wie jeder andere auch, und dass es nichts gibt, was Sie tun müssen, um sich Ihre Wertschätzung zu verdienen. Mit anderen Worten, keine Ihrer Unzulänglichkeiten, Fehler oder Unfähigkeiten führt dazu, dass Sie wertlos oder unwürdig werden. Sie erkennen, dass Sie eine einzigartige

Reihe von Fähigkeiten und Eigenschaften besitzen, die zusammengefügt eine Person ergeben, die sicherlich würdig ist und es verdient, gute Dinge im Leben zu haben und zu erleben.

In diesem Kapitel werden Sie erfahren, was Selbstakzeptanz ist, wie sie erreicht werden kann und was Sie tun müssen, um damit zu beginnen, sich selbst zu akzeptieren. Ein guter Anfang besteht darin, sich selbst so zu akzeptieren, wie Sie sind, selbst wenn das bedeutet, auch akzeptieren zu müssen, dass es Ihnen derzeit schwerfällt, bestimmte Aspekte Ihrer Person oder Ihres Lebens zu akzeptieren. Indem Sie sich selbst gegenüber ein bedingungsloses Maß an Selbstakzeptanz zeigen, öffnen Sie sich für die Idee, dass Sie gut so sind, wie Sie sind. Wenn Sie mit dem, was Sie sind, einverstanden sind, wird es viel einfacher, Mitgefühl mit sich selbst zu haben – für das, was Sie nicht sind, oder auch für die Erfahrungen, die Sie machen.

Der Mythos der Perfektion

In unserer Kindheit wird uns beigebracht, dass wir uns an gesellschaftliche Normen halten müssen, um von den Menschen um uns herum akzeptiert, geliebt, geschätzt oder gelobt zu werden. Wir lernen dies, indem wir jedes Mal gefeiert und gelobt werden, wenn wir etwas Großartiges tun, ignoriert werden, wenn wir nur etwas Gutes tun, oder gar bestraft werden, wenn wir zu wenig Leistung bringen. Infolgedessen werden wir dazu getrieben, jedes Mal, wenn wir uns etwas vornehmen, so großartige Leistungen zu erbringen, wie wir nur können. Als Ergebnis dessen steigen unsere Ansprüche an das Großartige jedes Mal, wenn wir merken, dass die Leute aufhören, uns zu loben, wenn wir etwas so oft großartig machen, weil sie dieses Maß an Großartigkeit von uns inzwischen erwarten. Manche Menschen haben nicht das Bedürfnis, ständig von anderen gelobt zu werden, weil sie gelernt haben, sich selbst zu loben und zu feiern, sodass sie einfach weiterhin nach dem streben, was sich für sie wie ein hoher Standard anfühlt. Andere wiederum sehnen sich so sehr nach Lob und Anerkennung, dass sie ständig versuchen, sich selbst zu übertreffen und möglichst perfekte Ergebnisse zu erzielen, um positive Aufmerksamkeit zu erhalten. Wenn sie diese positive Aufmerksamkeit nicht erhalten, nehmen sie das als Zeichen dafür, dass sie nicht gut genug sind und dass sie noch besser werden müssen.

Die Illusion des Perfektionismus wird im Zeitalter der sozialen Medien noch verstärkt, da Menschen nur die Höhepunkte ihres Lebens posten; in dem Versuch, anderen zu zeigen, wie gut sie es haben. Viele verschiedene einflussreiche Selbstvermarkter in den sozialen Medien haben eine Präsenz kultiviert, die den Anschein erweckt, als würden diese Personen nie die Realität erleben, sondern stattdessen jeden Tag eine sorgfältig gestaltete Existenz der Perfektion. Diejenigen, die aufgrund eines Strebens nach Perfektionismus ständig versuchen, sich selbst zu übertreffen, versuchen möglicherweise, diese Darstellungen von Höhepunkten in ihrem täglichen Leben zu replizieren. Infolgedessen halten sie sich selbst an Standards, die nicht einmal ihre Vorbilder erfüllen, was zu einem chronischen Kreislauf führt, in dem sie ständig versuchen, das Unerreichbare zu erreichen.

In Wahrheit ist Perfektion eine unerreichbare Qualität, und der Versuch, diese zu erreichen, praktisch sinnlos. Selbst wenn Sie nur versuchen, jedes Mal annähernd perfekt zu sein, kann dies dazu führen, dass Sie auf Dauer viel zu viel von sich erwarten. Das bedeutet nicht, dass Sie Ihre Ziele nicht hoch ansetzen oder sich selbst herausfordern sollten, besser zu werden, sondern dass Sie es vermeiden sollten, Ihre Ziele so hochzustecken, dass sie wirklich unerreichbar sind. Von Zeit zu Zeit nahezu perfekte

Ergebnisse zu erzielen, ist vertretbar und sollte gefeiert werden, aber die Erwartung, jedes Mal nahezu perfekte Ergebnisse zu erzielen, wird dazu führen, dass Sie sich genauso schlecht fühlen wie bei echtem Perfektionismus.

Indem Sie mit dem Mythos aufräumen, dass Sie bei allem, was Sie tun, perfekt oder nahezu perfekt sein müssen, räumen Sie sich selbst die Möglichkeit ein, Ihr Bestes zu geben. Vielleicht haben Sie in Ihrer Kindheit schon einmal gehört, wie ein Lehrer, ein Elternteil oder die Eltern eines Freundes zu Ihnen gesagt haben: „Gib einfach dein Bestes." Letztendlich ist Ihr Bestes wirklich das, was am meisten zählt, da es beweist, dass Sie sich selbst herausfordern und so hart wie möglich daran arbeiten, immer besser zu werden. Selbst minimale Verbesserungen sind immer noch etwas, das Sie feiern können. Sie müssen nicht in allem perfekt sein, um als positiver und würdiger Mensch akzeptiert zu werden. Sie müssen nur Ihr Bestes geben.

Ihre Unvollkommenheit zulassen

Falls Sie mit Perfektionismus kämpfen, kann es sein, dass Sie beim Lesen des vorherigen Abschnitts gemerkt haben, dass Sie gedanklich damit nicht einverstanden sind oder dass Sie versuchen, zu rechtfertigen, warum *Ihr* Perfektionismus anders ist. Sie versuchen vielleicht, mit sich selbst darüber zu verhandeln, dass Sie nicht wie andere Menschen sind oder dass Ihnen alles, was weniger als perfekt ist, faul, schwach oder sinnlos erscheint. Ich möchte, dass Sie jetzt innehalten und erkennen, dass es genau diese Gedanken sind, die nicht hilfreich sind und Sie nicht dabei unterstützen werden, Selbstakzeptanz und Selbstmitgefühl zu erreichen. Je mehr Sie versuchen, zu rechtfertigen, warum Sie die besondere Person sind, die perfekt sein darf, während alle anderen nur Menschen sind, desto länger werden Sie sich an unangemessene Standards halten und in einer ständigen Schleife der Selbstenttäuschung gefangen bleiben.

Unvollkommen zu sein, bedeutet nicht, dass Sie nicht Ihr Bestes geben, keine großartigen Ergebnisse erzielen oder nicht nach Spitzenleistungen streben. Es bedeutet lediglich, dass Sie sich nicht jedes Mal, wenn Sie etwas in Ihrem Leben wagen und dabei keine perfekten Ergebnisse erzielen, so sehr kritisieren, dass es selbstzerstörerisch wird. Wenn Sie sich erlauben, unvollkommen zu sein, öffnen Sie sich für die Fähigkeit, neue Dinge auszuprobieren, weil Sie bereit werden, das Stadium des unerfahrenen Anfängers zu akzeptieren. Sie vertrauen darauf, dass es in Ordnung ist, nicht alles zu wissen, weil es einfach bedeutet, dass es noch mehr zu lernen gibt, und Sie vertrauen darauf, dass Sie das Zeug dazu haben, all das *in einem angemessenen Zeitraum* zu lernen. Da Sie auf den Druck verzichtet haben, auf Anhieb ein Experte auf einem neuen Gebiet sein zu müssen, geben Sie sich selbst die Möglichkeit, sich für Ihre wachstumsorientierte Denkweise bzw. Denkweise des Lernens zu öffnen. Durch diese Denkweise rüsten Sie sich mit der Fähigkeit aus, mehr als je zuvor zu lernen, was Sie direkt zu demselben Ziel führt, das Sie so verzweifelt durch Perfektionismus zu erreichen versuchten.

Leider bedeutet, sich selbst zu erlauben, unvollkommen zu sein, nicht immer, dass man einfach eine einmalige Entscheidung trifft und nur dabei zusehen muss, wie sich das eigene Leben sofort verändert. Wahrscheinlich werden Sie viele Momente des Rückschlags erleben, nachdem Sie sich dafür entschieden haben, sich selbst mehr zu akzeptieren. Sie werden sich vielleicht dabei ertappen, dass Sie Dinge in Ihrem Leben gewohnheitsmäßig vermeiden, weil Sie Angst haben, sie nicht perfekt zu machen. Oder Sie entschließen sich dazu, sie zu tun, nur um sich dabei zu ertappen, wie Sie bei der Ausführung gegen die Perfektion kämpfen. Diese Erfahrungen zu machen, ist völlig normal, und sie bieten Ihnen sogar eine ausgezeichnete Gelegenheit, sofort mit dem Üben von Selbstakzeptanz zu beginnen. Sie können zunächst die Tatsache akzeptieren, dass Sie ein genesender Perfektionist sind und dass Sie daran arbeiten, Ihre Gewohnheiten zu verbessern, aber das bedeutet auch, sich wirklich so anzunehmen, wie Sie gerade sind und sich trotzdem wahrhaftig um Veränderungen zu bemühen. Wenn Sie beginnen, sich dieser Momente oder Rückschläge bewusst zu werden, sagen Sie sich: „Ich akzeptiere, dass ich diese Gewohnheit habe, und ich entscheide mich bewusst dafür, sie jetzt zu ändern. Ich akzeptiere, dass mein Bestes eben mein Bestes ist, und ich bin bereit, anzunehmen, dass das das Beste ist, was ich in dieser Situation anbieten kann." Indem Sie so etwas zu sich selbst sagen, beginnen Sie zu akzeptieren, wo Sie stehen, und streben dennoch weiter danach, Veränderungen vorzunehmen und entscheiden sich bewusst dafür. Denken Sie daran, dass Sie auch in der Überwindung Ihres Perfektionismus nicht perfekt sein können. So funktioniert es nicht. Es wird Zeit, Geduld und Übung erfordern, Ihre neue Gewohnheit der Selbstakzeptanz zu verstärken, egal wie Ihr Bestes dabei aussieht.

Mit Ihrer Vergangenheit Frieden schließen

Ein Teil der Selbstakzeptanz besteht darin, dass Sie bereit sind, mit Ihrer Vergangenheit und der Art und Weise, wie Sie sich verhalten oder welche Erfahrungen Sie gemacht haben, Frieden zu schließen. Sie haben in Kapitel 1 etwas über das Selbst und die Identität gelernt, und jetzt ist ein guter Zeitpunkt, sich an das auditive Selbst und das erfahrungsbezogene Selbst zu erinnern. Wahrscheinlich sind die Art und Weise, wie Sie die Welt um sich herum erleben, und das, was Sie sich selbst durch Ihren inneren Erzähler sagen, immer noch stark mit vergangenen Erfahrungen verbunden, die Sie gemacht haben. Ihre Wahrnehmung dessen, wer Sie sind, ist vermutlich stark von einigen wenigen Höhepunkten in Ihrer Vergangenheit geprägt, ob diese nun positiv oder negativ waren, was bedeutet, dass Sie sich selbst wahrscheinlich auf eine stark veraltete und unrealistische Weise betrachten.

Die Selbstwahrnehmung vieler Menschen dreht sich weitgehend um einige ihrer schlimmsten Erfahrungen in der Vergangenheit. Wenn Sie z. B. in Ihrer Vergangenheit gemein zu jemandem waren und aus einem Wutanfall heraus etwas Unfreundliches gesagt haben und danach starke Schuldgefühle wegen dieses Vorfalls hatten, nehmen Sie sich vielleicht als unfreundlich, reaktiv und gemein wahr. Das könnte dazu führen, dass Sie glauben, es nicht wert zu sein, schöne Dinge zu haben oder von netten Menschen umgeben zu sein, weil Sie zu gemein sind und es deshalb nicht verdienen. In Wirklichkeit sind Sie wahrscheinlich im Laufe Ihres Lebens unglaublich nett zu vielen Menschen gewesen, aber dies ist die eine Sache, die sich in Ihrem Kopf immer wieder von vorn abspielt und Ihnen vorgaukelt, dass Sie kein guter Mensch sind. Wenn Sie wirklich vorankommen und mehr Selbstmitgefühl und Selbstakzeptanz erleben wollen, müssen Sie bereit sein, mit dieser Art von Erfahrungen in Ihrem Leben Frieden zu schließen.

Sie müssen ein Gefühl des Vertrauens dafür entwickeln, dass der, der Sie waren, nicht der ist, der Sie jetzt sind, und dass Ihre vergangenen Handlungen, egal wie positiv oder negativ sie gewesen sein mögen, nicht definieren, wer Sie heute sind. Genau genommen haben sie wahrscheinlich nie definiert, wer Sie waren. Wenn Sie sich damit abfinden, wer Sie waren und was Sie getan haben, und akzeptieren, dass all dies ein Teil Ihrer Vergangenheit ist, können Sie beginnen, sich selbst und die Entscheidungen, die Sie im Laufe Ihres Lebens getroffen haben, zu akzeptieren. Wenn

Sie beginnen, sich selbst und Ihre Entscheidungen zu akzeptieren, fällt es Ihnen auch leichter, bewusst mit dem einverstanden zu sein, was Sie sind, und auch mit dem, was Sie in Ihrem Leben getan und erlebt haben. Mit Ihrer Vergangenheit Ihren Frieden zu schließen, muss nicht bedeuten, dass Sie stolz auf das sind, was Sie getan haben, oder dass Sie an sich selbst die gleichen unglaublich hohen Maßstäbe anlegen müssen wie früher. Es bedeutet einfach, dass Sie bereit sind, zu akzeptieren, wer Sie damals waren, genauso wie Sie bereit sind, zu akzeptieren, wer Sie jetzt sind, was es Ihnen erlaubt, mit mehr Anmut nach vorn zu blicken.

Wenn es für Sie eine besondere Herausforderung darstellt, Ihre Vergangenheit zu akzeptieren, können Sie sich dafür entscheiden, es langsamer und bewusster angehen zu lassen. Erlauben Sie sich, nur ein paar Dinge auf einmal zu akzeptieren, basierend auf dem, was für Ihr aktuelles Leben relevant ist, und gehen Sie von dort aus immer weiter in die Tiefe, statt zu versuchen, alles auf einmal zu akzeptieren. In vielen Fällen wird Ihre mangelnde Bereitschaft, Ihre Vergangenheit zu akzeptieren, daher rühren, dass Sie noch immer unverarbeitete Emotionen in Bezug auf diese Erfahrungen mit sich herumtragen. Indem Sie sie langsam und bewusst betrachten, können Sie sicherstellen, dass Sie sich selbst genügend Zeit und

Selbstmitgefühl geben, um sich vollständig an jedes Gefühl zu erinnern und auch vollständig nach vorn zu blicken.

Schwierige Emotionen

Während Sie den Prozess des Akzeptierens Ihrer Vergangenheit absolvieren, ist es wahrscheinlich, dass Sie auf viele schlechte Erinnerungen und schwierige Emotionen stoßen werden. Wenn Sie bei diesen schlechten Erinnerungen ankommen, bzw. wenn diese schwierigen Emotionen auftauchen, verspüren Sie vielleicht den instinktiven Wunsch, sich abzuschotten oder die Aufarbeitung dieser Erinnerungen zu vermeiden, um nicht von den schwierigen Emotionen überwältigt zu werden. In manchen Fällen kann der Schmerz zu groß sein, um ihn zu ertragen. Unter diesen Umständen wird Selbstmitgefühl sogar noch wichtiger, da Sie bereit sein müssen, sich selbst gegenüber Mitgefühl für die Emotionen zu zeigen, die Sie aufgrund dieser schwierigen Erinnerungen empfinden.

Während des gesamten Prozesses des Wiederaufgreifens schlechter Erinnerungen ist es unerlässlich, dass Sie sich nicht zu sehr unter Druck setzen, sich besser fühlen zu müssen oder genesen zu müssen. Vertrauen Sie darauf, dass durch das Fühlen Ihrer Emotionen und durch Mitgefühl für sich selbst Heilung geschieht, und seien Sie einfach bereit dazu, sich während des gesamten Prozesses mit sich selbst auseinanderzusetzen. Setzen Sie Ihren Gefühlen kein Verfallsdatum oder eine Frist, bis wann Sie geheilt sein sollten. Bleiben Sie einfach bei sich und seien Sie bereit, sich langsam Ihren Weg durch die Heilung zu bahnen, während sie geschieht. Wenn Sie aufhören, so viel Druck auf die Heilung auszuüben, und anfangen, sich mit sich selbst auseinanderzusetzen, wenn Sie schmerzhafte Erinnerungen und Emotionen erneut durchleben, geschieht die Heilung auf natürliche Weise. Sie muss nicht gedrängt, erzwungen oder beschleunigt werden, sie muss nur gewürdigt und erlebt werden.

Wenn Sie sich eine Weile mit dem Schmerz auseinandergesetzt haben und feststellen, dass es für Sie besonders herausfordernd ist, könnten Sie in Betracht ziehen, sich auf langsamere Weise mit ihm zu konfrontieren. Anstatt zu versuchen, ihn an einem Nachmittag aufzulösen, erlauben Sie sich einfach, den Schmerz zu erkennen und ihn so lange auf sich einwirken zu lassen, wie es nötig ist, bevor Sie wieder in Ihr tägliches Leben zurückkehren. Besuchen Sie dieselbe Erinnerung und denselben Schmerz so oft wie nötig, um sie zu heilen, und lassen Sie sich dazwischen so viel Zeit, wie Sie brauchen, um mit den

Gefühlen, die Sie während der Konfrontationen bereits gespürt haben, zurechtzukommen. Indem Sie eine Balance zwischen dem Prozess der Heilung und dem Prozess des Lebens schaffen, stellen Sie sicher, dass Sie in der Lage sind, Ihr alltägliches Leben weiterzuleben und gleichzeitig die schmerzhaften Erinnerungen zu heilen, durch die Sie sich belastet fühlen. Ob Sie es glauben oder nicht, je offener Sie dafür sind, sich diesen herausfordernden Emotionen auszusetzen, wenn sie auftauchen, desto schneller können Sie sie verarbeiten und desto leichter fällt es Ihnen, wieder in den Alltag zurückzukehren. Der Versuch, sie zu verstecken, zu verdrängen, schneller abzuarbeiten, um sie aus dem Weg zu räumen, oder anderweitig zu viel Kontrolle über den Ausdruck Ihrer Emotionen auszuüben, führt nur dazu, dass sie länger anhalten. Wenn Sie sie so tief und intensiv fühlen, wie es nötig ist, dann beginnen sie, schneller zu verschwinden, und Sie sind in der Lage, schneller weiterzumachen.

Das Einzige, bei dem Sie vorsichtig sein müssen, wenn es um herausfordernde Emotionen geht, ist der Ausdruck dieser Emotionen in bedenklichen Umständen. Wenn Sie Ihre Emotionen durchleben, sollten Sie versuchen, dies auf eine sichere und konstruktive Weise zu tun. Wenn es Ihnen schwerfällt, mit Ihren Emotionen umzugehen, und Sie sich dabei ertappen, dass Sie reaktiv oder gefährlich gegenüber sich selbst oder anderen werden, ist es vielleicht am besten, wenn Sie sich bei der Bewältigung dieser Emotionen professionelle Unterstützung suchen. Auf diese Weise können Sie sie loslassen, ohne sich selbst oder anderen dabei Schaden zuzufügen.

Den Lichtblick in Ihrer Vergangenheit finden

Als Menschen besitzen wir einen sogenannten „Negativitätsbias", der dazu führt, dass wir uns hauptsächlich auf das Negative konzentrieren. Dies ist unsere biologisch bedingte Art und Weise, uns an schlechte Erfahrungen zu erinnern, damit wir sie nicht noch einmal erleben, aber dies ist nicht immer effektiv, besonders wenn es unausgewogen stattfindet oder dieser Tendenz nicht mit Positivität begegnet wird. Sie müssen lernen, wie Sie Ihren Verstand ausbalancieren können, damit Sie sich auf eine ausgewogenere und realistischere Weise auf Ihre Vergangenheit konzentrieren können und das Gefühl vermeiden, Ihr bisheriges Leben sei eine einzige große negative Erfahrung gewesen.

Der beste Weg, Ihre Vergangenheit in einem positiveren Licht zu sehen, besteht darin, all die großartigen Dinge aufzuschreiben, die Ihnen widerfahren sind. Sie sollten damit beginnen, alle schlechten Geschichten, die Sie sich selbst erzählen, aufzuschreiben und nach dem Lichtblick in diesen schlechten Geschichten zu suchen. Vielleicht waren Ihre Eltern kein aktiver Teil Ihres Lebens, aber Sie hatten ein Großelternteil oder eine Tante oder einen Onkel, die für Sie da waren. Vielleicht wurden Sie geschieden, als Sie jünger waren, und dies war besonders schmerzhaft, aber der Anfang der Beziehung war magisch und voller Anziehungskraft. Vielleicht wurden Sie in der Schule viel gemobbt, aber das Mobbing führte dazu, dass Sie Ihren besten Freund fanden, und bis heute sind Sie beide eng befreundet.

Indem Sie erkennen, welche negativen Geschichten Sie sich selbst erzählen, und sich dafür entscheiden, einen Hoffnungsschimmer in ihnen zu erblicken, löschen Sie nicht die Tatsache aus, dass diese schlechten Dinge passiert sind oder dass sie schmerzhaft waren. Sie entscheiden sich einfach dafür, zu erkennen, dass nicht *alles* schlecht war und dass Sie viele positive Erfahrungen in Ihrem Leben gemacht haben. Wenn Sie anfangen, diese Art von mentalem Gleichgewicht zwischen den guten und den schlechten Dingen, die in Ihrem Leben passiert sind, herzustellen, wird es für Sie einfacher, zu sehen, dass es viele positive Elemente in Ihrer Existenz gibt. Es wird viel einfacher, Ihre Vergangenheit zu akzeptieren, weil Sie erkennen, dass sie zwar eine Menge Schmerz, aber auch viel Glück enthält.

Die Vergangenheit akzeptieren

Nachdem Sie sich dafür entschieden haben, Ihre Vergangenheit zu akzeptieren, und Sie bereit sind, nach vorn zu blicken, obliegt Ihnen die Entscheidung, wie dieser Akt aussehen soll. Bis jetzt haben Sie wahrscheinlich Ihr Leben so geführt, als ob Sie durch Ihre vergangenen Entscheidungen und Fehler darin gefangen gehalten würden. Wenn Sie sich entscheiden, diese vergangenen Entscheidungen und Fehler zu akzeptieren und sich von ihnen zu lösen, müssen Sie auch entscheiden, wie der Blick nach vorn für Sie aussehen soll. Damit Sie das tun können, müssen Sie positive, nach vorn gerichtete Ziele entwickeln, die es Ihnen ermöglichen, sich von den Gewohnheiten zu befreien, die Sie bislang mit sich herumgetragen haben. Diese Ziele können alles sein, von der Entscheidung, mehr Positives in Ihrem Leben zu sehen, bis hin zu der Entscheidung, sich weniger zu belasten, wenn beunruhigende Erfahrungen passieren. Wählen Sie Ihre Ziele danach aus, was sich für Sie richtig anfühlt und was die positivste Veränderung durch Ihre Heilung auf realistische Weise widerspiegelt.

Wenn Sie sich dafür entscheiden, Ihre Vergangenheit zu akzeptieren und nach vorn zu blicken, besteht eine großartige Übung für Sie darin, jeden einzelnen Morgen aufzuwachen und sich selbst für alles, was Sie in Ihrem Leben getan haben und das Sie verärgert oder beschämt hat, zu vergeben. Indem Sie sich selbst jeden Tag bewusst vergeben, erinnern Sie sich daran, dass Sie sich nicht länger als Geisel für die Fehler halten, die Sie gemacht haben, und für die Art und Weise, wie sich diese Fehler auf Sie ausgewirkt haben. Sie entscheiden sich auch dafür, sich selbst als einen Menschen zu sehen, der Mitgefühl und eine zweite Chance verdient, auch wenn Sie in Ihrer Vergangenheit unzählige Fehler gemacht haben.

Wenn es sich herausfordernd anfühlt, sich selbst zu vergeben, fangen Sie klein an und erwägen Sie, ein Tagebuch zu benutzen, um Ihren Fortschritt nachvollziehen zu können. Sie können einfach aufschreiben, was Sie sich vergeben wollen und wie sich das für Sie anfühlt. Seien Sie äußerst ehrlich zu sich selbst in Bezug auf die Gefühle, die Sie rund um den Vorfall

haben, den Sie zu vergeben suchen, und die Blocka-
den, die Sie daran gehindert haben, sich selbst früher zu vergeben. Wenn Sie diese Dinge aufschreiben,
wird der Prozess, sie sich bewusst zu machen und sie
auf dem Papier zu sehen, Ihnen helfen, ein höheres
Maß an Mitgefühl für sich selbst zu kultivieren, weil
Sie beginnen, sich selbst als einen Menschen mit Gefühlen zu sehen. Wenn es Ihnen weiterhin schwerfällt,
Mitgefühl für sich selbst zu empfinden, überlegen Sie,
wie Sie sich gegenüber einer anderen Person fühlen
würden, wenn diese Ihnen all die Dinge anvertrau-
en würde, die Sie gerade aufgeschrieben haben. Die
Chancen stehen gut, dass Sie, wenn es von einer anderen Person käme, ihr gegenüber viel mehr Mitgefühl
empfinden würden, als Sie sich selbst gegenüber bei
genau diesem Thema empfinden. Nutzen Sie dieses
Verständnis, um damit zu beginnen, Mitgefühl für
sich selbst zu entwickeln und zu erkennen, dass auch
Sie Mitgefühl für die Probleme verdienen, die Sie in
Ihrem Leben hatten, weil auch Sie ein Mensch sind.

Es ist von entscheidender Bedeutung, zu erkennen,
dass der Prozess der Vergebung und des Nach-
vorn-Blickens einer ist, der an und für sich Geduld
und Akzeptanz erfordert. Ja, die Belohnungen für
Ihre Geduld und Akzeptanz werden riesig sein,
aber Sie werden sie nie erreichen, wenn Sie nicht

sofort damit beginnen, diese Geduld und Akzeptanz zu praktizieren, selbst wenn Sie das Gefühl haben, nicht bereit oder nicht würdig genug zu sein. Je länger Sie an diesen Irrtümern festhalten, desto schwieriger wird es für Sie sein, nach vorn zu blicken, weil Sie sich selbst nie das Mitgefühl und die Vergebung gewähren, die Sie dafür brauchen. Am Anfang mag sich Vergebung nur wie eine subtile Veränderung anfühlen, während Sie in Ihrem Leben nach vorn blicken, aber mit der Zeit wird sie einfacher werden und sich tiefer in Ihr Sein integrieren. Vergebung ist ein Prozess, und die Fähigkeit, einen Anfang zu finden, ist genauso wichtig wie die Fähigkeit, vollständig zu vergeben.

Wenn es Ihnen leichter fällt, sich selbst zu verzeihen und die Vergebung zu verinnerlichen, wird es einfacher, Ihr Leben Tag für Tag zu leben, weil Sie dies nicht mehr als Opfer Ihrer Vergangenheit tun. Stattdessen fangen Sie an, Ihre Vergangenheit vollständig zu akzeptieren und zu integrieren und sich selbst von beunruhigenden Fehlern, die Sie auf Ihrem Weg gemacht haben, zu befreien. Wenn Sie das tun, wird es Ihnen leichter fallen, Ihr Leben aus einer klareren und mitfühlenderen Geisteshaltung herauszuführen, und so verbessert es sich insgesamt, weil Sie unter den besten Bedingungen nach vorn blicken.

Elisa Peters

Ihre Unzulänglichkeiten akzeptieren

Jeder einzelne Mensch nimmt Fehler an sich wahr und muss lernen, sich mit diesen zu arrangieren und sie als Teil seines Wesens zu akzeptieren. Von körperlichen Unvollkommenheiten bis hin zu emotionalen oder kognitiven Unzulänglichkeiten hat jeder einzelne Mensch etwas, von dem er glaubt, dass es ihn im Vergleich zu allen anderen in irgendeiner Weise abnormal macht. Selbst die Menschen, die scheinbar alles haben oder die sich so verhalten, dass man glaubt, sie hätten keine Fehler oder Schwierigkeiten, sind Menschen, die mit Unvollkommenheiten kämpfen oder die viel Zeit darin investiert haben, sich so zu akzeptieren, wie sie sind. Es gibt nicht einen Menschen auf diesem Planeten, der nicht das Gefühl überwinden musste, Unvollkommenheiten zu haben, aufgrund derer er meint, Liebe oder Güte nicht zu verdienen, nicht wertvoll oder nicht würdig zu sein. Noch einmal: Wenn man in einer Welt lebt, in der die sozialen Medien so hoch gelobt werden und die Menschen nur von den Höhepunkten Ihres Lebens berichten, wird es noch gefährlicher, sich mit anderen zu vergleichen und sich in die an sich selbst wahrgenommenen, eigenen Makel hineinzusteigern. So viele Menschen glauben, dass sie unwürdig sind oder etwas nicht verdienen, weil sie nach außen schauen und nur das Beste in anderen sehen, aber in sich selbst nur das Schlechteste. Ich bin gewillt, zu wetten, dass auch Sie sich in Ihrem eigenen Leben genau dieser Dinge schuldig gemacht haben, denn niemand ist vor diesem selbstzerstörerischen Verhalten gefeit.

Wenn Sie älter werden und länger mit Ihren Fehlern leben, haben Sie zwei Möglichkeiten – sie weiterhin zu hassen und sich aus Angst, „entdeckt" zu werden, zu verstecken, oder sie so zu akzeptieren, wie sie sind, und Ihr Leben trotzdem weiterzuführen. Wenn Sie sich für Ersteres entscheiden, stehen Sie sich nur selbst im Weg, denn wahrscheinlich wird sich niemand, der in Ihrem Leben oder für Ihren Erfolg wirklich wichtig ist, für Ihre Fehler interessieren. Wenn Sie sich für Letzteres entscheiden, legen Sie die Macht über Ihre Zukunft in Ihre eigenen Hände und ermöglichen es Ihnen, Ihr Leben so zu gestalten, wie Sie es wollen, unabhängig davon, wie Ihre Fehler aussehen oder wie sie sich auf Sie auswirken mögen. Menschen, die bereit sind, ihre Fehler anzunehmen und sie so zu akzeptieren, wie sie sind, werden zu Menschen, die bereit sind, an ihren Herausforderungen zu wachsen und jedes

Hindernis zu überwinden, das sich ihnen in den Weg stellen mag.

Wachsende Akzeptanz gegenüber Ihren Fehlern, ob sie nun körperlich oder in der inneren Welt verborgen sind, braucht Zeit und Übung. Sie müssen bereit sein, sich selbst eine akzeptierende und geduldige Hand auszustrecken, die Ihnen die Unterstützung gibt, die Sie brauchen, um voranzukommen und Ihre Ängste bezüglich dessen, was passieren könnte, wenn die Leute Ihre Fehler „herausfinden", zu überwinden. Sie müssen im wahrsten Sinne des Wortes bereit sein, selbst die Person zu sein, die Sie bestärkt, damit die Akzeptanz von Ihnen kommt und nicht von jemand anderem, von deren Akzeptanz Sie sich abhängig machen. Wie Sie sich wahrscheinlich vorstellen können, erfordert dies eine Menge Selbstwahrnehmung, Selbstmitgefühl, Selbstakzeptanz und die Bereitschaft, sanft mit sich selbst umzugehen, während Sie den Prozess entdecken und Ihren Weg zum Erfolg finden.

Auf welche Weise Sie Ihr eigenes Selbstmitgefühl und Ihre Selbstakzeptanz finden, hängt davon ab, was Ihre gegenwärtigen Gefühle Ihnen selbst gegenüber sind und wie bereit Sie sind, sich selbst gegenüber mitfühlend zu sein. Wenn Sie dieses Buch lesen, kann ich mir vorstellen, dass Sie wahrscheinlich den großen Wunsch haben, sich selbst gegenüber mitfühlend zu sein, aber machen Sie sich Folgendes klar – Wunsch ist nicht gleich Bereitschaft. Sie müssen bereit sein, sich selbst gegenüber bedingungslos mitfühlend und akzeptierend zu sein, wenn Sie jemals eine Veränderung in Ihrem Leben herbeiführen wollen, sonst werden die Veränderungen nie wirklich permanent sein.

Einige Übungen, die Sie ausprobieren können, beinhalten, realistisch gegenüber sich selbst zu sein und Ihre Wahrnehmung zu überprüfen, um sicherzustellen, dass Sie bezüglich Ihrer inneren Kommunikation ehrlich sind. Wenn Sie sich zum Beispiel ständig einreden, dass Sie hässlich sind, weil Sie ein Muttermal im Gesicht haben, halten Sie inne und überlegen Sie wirklich, ob das wahr ist oder nicht. Vielleicht mögen Sie das Aussehen des Muttermals nicht, aber liegt das daran, dass man Ihnen beigebracht hat, es nicht zu mögen, oder daran, dass Sie es wirklich nicht mögen? Liegt Ihr Mangel an Liebe für Ihren wahrgenommenen Makel daran, dass Sie so lange gemobbt wurden, bis Sie selbst glaubten, dass Ihr Mal Sie unwürdig macht, oder daran, dass jemand, der Ihnen viel bedeutet, Ihnen gesagt hat, Sie wären ohne es viel attraktiver? Glauben Sie wirklich, dass Ihr Muttermal oder irgendein anderer

Makel, den Sie vielleicht besitzen, der wahre Grund dafür ist, dass Sie nicht alles bekommen, was Sie sich im Leben wünschen? Oder liegt es vielmehr daran, dass Sie zulassen, dass dieser Makel Sie zurückhält, weil Sie Angst davor haben, gesehen zu werden und wirklich das zu bekommen, was Sie sich vom Leben wünschen? Vielleicht ist das Problem nicht Ihr Makel, sondern Ihre Angst vor dem, was notwendig wäre, um das zu bekommen, was Sie sich wünschen, und deshalb benutzen Sie Ihren Makel als Ausrede, um sich zurückzuhalten.

Denken Sie darüber nach, Sie wurden nicht als perfekter Mensch geboren – Sie wurden als echter Mensch geboren. Sie wurden als vollständige Person geboren, mit Vorlieben und Abneigungen, Stärken und Schwächen und verschiedenen Unterschieden, die sich im Laufe Ihres Lebens zwischen Ihnen und dem Rest der Welt entwickeln. Wir alle wurden so geboren. Nur weil Sie einzigartig sind, heißt das nicht zwangsläufig, dass Sie ganz so anders sind, wie Sie vielleicht glauben. Es bedeutet einfach, dass Sie ein echter Mensch sind, genau wie alle anderen. So, wie es Dinge geben mag, die an Ihnen anders sind, gibt es auch Dinge, die an jedem anderen Menschen anders sind. Das ist etwas, was wir alle gemeinsam haben. Sie sehen also, auch wenn es unwahrscheinlich klingt, Ihre Verschiedenheit macht Sie eigentlich ziemlich normal und Sie verdienen es, sich so zu verhalten, wie es sich für Sie normal anfühlt, ohne dabei um Ihre wahrgenommenen Fehler einen Tanz aufführen zu müssen. Sie können die Fülle dessen, was Sie sind, getrost annehmen und darauf vertrauen, dass Ihre Fehler, egal wie schlimm sie erscheinen mögen, niemals so schlimm sind, dass Sie sich all dessen unwürdig fühlen, was das Leben Ihnen zu bieten hat.

Ihr zukünftiges Selbst akzeptieren

Ob Sie es glauben oder nicht: genau so, wie Sie sich selbst für das akzeptieren müssen, was Sie in Ihrer Vergangenheit waren und was Sie jetzt sind, müssen Sie auch Ihr zukünftiges Selbst akzeptieren. Wenn Sie das nicht tun, kann es passieren, dass Sie die Messlatte für Ihr zukünftiges Selbst genauso unangemessen hoch anlegen wie die, von der Sie Ihr gegenwärtiges und vergangenes Selbst gerade befreit haben. Das passiert oft, wenn Sie Ihr gegenwärtiges und vergangenes Selbst zwar heilen, aber versäumen, Ihre Ziele zu analysieren und sicherzustellen, dass Sie auch Ihrem zukünftigen Selbst gegenüber vernünftig sind. Wenn Sie sich weiterhin Ziele setzen, die jenseits der Vernunft liegen, oder von Dingen träumen, die unerreichbar sind, werden Sie sich nur selbst zum Scheitern verurteilen, da Sie diese Dinge nie erreichen.

Nun, ich sage nicht, dass Ihre Träume oder Ziele keine Herausforderung darstellen sollten oder dass alles, was Sie sich wirklich wünschen, nicht erreichbar ist. Schließlich gibt es Flugzeuge und Luftkissenfahrzeuge, nicht wahr? Der Mensch kann alles erreichen, was er sich vornimmt, also gibt es technisch gesehen fast nichts, was wir als Gesellschaft oder sogar als einzelne Menschen nicht erreichen können. Menschen, die sich große Träume und Ziele setzen, sind sich jedoch auch darüber im Klaren, dass es immer passieren kann, dass ihr Ergebnis nicht genau so aussieht, wie sie es sich gewünscht haben. Vielleicht entdecken sie stattdessen, dass all ihre Bemühungen sie auf einen anderen Weg oder in eine andere Zukunft geführt haben, als sie sich die ganze Zeit über vorgestellt hatten. Wenn das passiert, kann die Person sich entscheiden, ob sie sich als ständiger Versager fühlt, weil sie den ursprünglichen Traum nie erreicht hat, oder ob sie diesem ursprünglichen Traum dankbar dafür ist, dass er ihr die nötige Ermutigung gegeben hat, um ihren heutigen Erfolg zu erreichen.

Sehen Sie, das Leben wird nie so verlaufen, wie Sie es geplant haben, egal wie sehr Sie versuchen, mit diesem Plan auf Kurs zu bleiben. Sie werden ständig neue Dinge lernen und neue Informationen entdecken, die Ihnen helfen, sich als Person weiterzuentwickeln und zu wachsen, was bedeutet, dass sich auch das, worauf Sie hinarbeiten, weiterentwickeln und wachsen wird. Nehmen wir zum Beispiel an, Sie haben studiert, um Verhaltenspsychologe zu werden, und Sie haben festgestellt, dass Sie sich so sehr zu den Neurowissenschaften und dem Gehirn hingezogen fühlen, dass Sie dieses Forschungsfeld Ihrem ursprünglichen Studium der Verhaltenspsychologie vorziehen. Obwohl Sie vielleicht mit dem Traum, Verhaltenspsychologe zu werden, zur Uni gegangen sind, hat Ihre Einführung in das Gehirn und seine Funktionen durch die Psychologiekurse zu der Erkenntnis geführt, dass Sie sich mehr für das Gehirn begeistern. Wenn Sie nun Neurowissenschaften studieren und Hirnchirurg werden würden, wären Sie dann weniger erfolgreich? Nein. Es würde einfach bedeuten, dass Ihr ursprünglicher Plan durch die Entwicklung Ihres Lebens und den Verlauf natürlicher Geschehnisse verändert wurde. Wenn Sie Ihr zukünftiges Ich in dieser Situation nicht bewusst vom Haken lassen, kann es passieren, dass Sie sich an der Tatsache aufhängen, dass Sie die Dinge nie zu Ende bringen können oder dass Sie Schwierigkeiten haben, sich zu entscheiden, anstatt stolz auf die Tatsache zu sein, dass Sie ein Gehirnchirurg sein werden.

Dies ist auch nicht auf große Ereignisse beschränkt, die Sie vielleicht leichter rechtfertigen können als kleinere Dinge, die scheinbar weniger offensichtliche oder wertvolle Auswirkungen hatten als die größeren Veränderungen in Ihrem Leben. Es ist jedoch zwingend erforderlich, dass Sie erkennen, dass auch die kleineren Entwicklungen von Bedeutung sind. Sie alle dienen dazu, dass Sie sich weiterhin auf einem Lebensweg bewegen, den Sie wirklich lieben und der Ihnen aufrichtige Freude und Glück bringt. Wenn Sie Ihrem zukünftigen Selbst nicht dafür vergeben, dass es seine Meinung geändert und sich auf natürliche Weise weiterentwickelt hat, werden Sie möglicherweise ständig nach einem Grund suchen, sich dafür zu kritisieren, dass Sie Ihre Meinung geändert haben, obwohl dies vielleicht genau das Richtige war.

Eine Praxis, die regelmäßig angewendet wird, wenn es darum geht, Ihr zukünftiges Selbst im Voraus zu akzeptieren, heißt „das Ergebnis loslassen". Mit anderen Worten: Sie konzentrieren sich auf Ihre Absicht – also das, was Sie sich in Ihrem Leben wünschen –, und Sie lassen das Ergebnis los, indem Sie zustimmen, dass Sie, wenn die Dinge anders laufen als geplant, trotzdem genauso dankbar und glücklich über Ihren Erfolg sein werden. Wenn Sie das Ergebnis loslassen, sagen Sie damit nicht, dass das Ergebnis nicht existiert oder dass es nicht wert ist, verfolgt zu werden. Stattdessen benutzen Sie einfach Ihren gegenwärtigen Traum und Ihr Ziel als Motivation, um weiterzumachen und zu akzeptieren, dass es sich auf dem Weg dorthin ändern könnte. In diesem Fall wird Ihr Traum oder Ziel zu einem Hilfsmittel, das es Ihnen ermöglicht, sich weiter vorwärtszubewegen, und nicht zu einem festgelegten Endergebnis, anhand dessen Sie feststellen können, ob Sie in Ihrem Leben erfolgreich waren oder nicht.

Kapitel 4

Selbstkritik

Die meisten Menschen sind sich der
Macht, über die ihr innerer Kritiker ver-
fügt, und dessen, wie drastisch er ihr
Leben beeinflusst, überhaupt nicht bewusst. Viele
glauben, dass die Stimme ihres inneren Kritikers
oder ihres autobiografischen Selbst unumstößlich
und wahr ist und dass alles, was sie sagt, geglaubt
und als die ultimative Wahrheit akzeptiert werden
muss. Natürlich ist das nicht der Fall, aber uns wird
selten beigebracht, unseren inneren Kritiker als
eine untrainierte innere Stimme zu sehen, die wirklich glaubt, uns helfen zu wollen, dabei aber nicht
bemerkt, dass sie es auf die falsche Weise tut. Stellen Sie sich Ihren inneren Kritiker als Ihren übermäßig direkten besten Freund vor – er glaubt, dass
er Ihnen sagt, was Sie hören müssen, damit Sie es

besser machen können, aber in Wirklichkeit kann das, was er sagt, verletzen und dazu führen, dass Sie sich unwürdig und unfähig fühlen. Mit anderen Worten, seine Absichten mögen großartig sein, aber deren Ausführung ist schrecklich, was bedeutet, dass sein Ansatz angepasst werden muss. Genau wie Sie es mit einem übermäßig direkten besten Freund tun würden, müssen Sie Ihren inneren Kritiker konfrontieren und ihm beibringen, Sie auf eine höflichere und effektivere Weise zu behandeln.

Wenn Sie lernen, Ihren inneren Kritiker zu beherrschen und ihn zu Ihrem Vorteil zu nutzen, anstatt ihm zu erlauben, Sie zu vernichten, wird er zu einem mächtigen Hilfsmittel, das Ihnen in Ihrem Leben Freude bringt. Anstatt Sie auszubremsen oder zu selbstzerstörerischem Verhalten zu führen, beginnt er, Sie im Leben voranzutreiben und Ihnen die Unterstützung zu geben, die Sie für Ihren Erfolg benötigen. Die Beherrschung Ihres inneren Kritikers kann Ihnen auch dabei helfen, die Stille in Ihrem Leben mehr zu genießen, da Sie nicht mehr jeden Moment der Stille mit dem harschen Echo Ihres inneren Kritikers verbringen werden. Stattdessen werden Ihre Momente der Stille friedlich und angenehm sein und Sie dabei unterstützen, sich in Ihrem Leben noch besser zu fühlen.

Selbstkritik verwandeln

Unerbittliche Selbstkritik kann schädlich und schmerzhaft zu ertragen sein, aber nicht alle Formen von Selbstkritik müssen unerbittlich und unbeherrschbar sein. Wenn Sie lernen, Ihren inneren Kritiker zu beherrschen, kann er sogar zu einer der sanftesten und effektivsten Stützen in Ihrem Leben werden. Der Schlüssel liegt darin, herauszufinden, wie Selbstkritik wirklich gemeistert werden kann, sodass Ihr innerer Kritiker nicht unkontrolliert herumläuft und in jedem beliebigen Moment verletzende Kritik in Ihre Richtung spuckt. Der sanfte Selbstkritiker hingegen ist eine Stimme, die Möglichkeiten zur Verbesserung erkennt und Ihnen Selbstwahrnehmung und Verständnis vermittelt, sodass Sie beginnen können, auf positive Weise zu wachsen, anstatt sich von Ihrem inneren Selbst misshandelt zu fühlen. Wie bei allem anderen auch, braucht es Zeit, Geduld und Übung, um zu lernen, wie man den inneren Selbstkritiker annimmt und ihn so beherrscht, dass er sanft und unterstützend wird.

Eine Möglichkeit, wie Sie beginnen können, Ihren inneren Selbstkritiker in einen sanften Unterstützer zu verwandeln, besteht darin, dass Sie sich selbst beibringen, Verhaltensweisen anstelle von Eigenschaften zu kritisieren. Im Gegensatz zu Eigenschaften können Verhaltensweisen verändert und verbessert werden. Wenn Sie Ihre Verhaltensweisen kritisieren, bedeutet dies, dass es tatsächlich etwas gibt, was Sie tun können, um die Dinge besser zu machen. Wenn Sie Ihre ganze Zeit damit verbringen, Ihre Eigenschaften zu kritisieren, werden Sie immer das Gefühl haben, dass es nichts gibt, was Sie tun können, um ein besseres Leben zu erreichen, weil Sie sich immer aufgrund von Dingen beurteilen, die Sie nicht ändern können. Wenn Sie lernen, die Dinge zu akzeptieren, die Sie nicht ändern können, und die Dinge zu kritisieren und zu verbessern, die Sie ändern können, schaffen Sie damit einen entscheidenden Ausgleich, der es Ihnen ermöglicht, Ihr Leben auf massive Weise zu verbessern.

Wenn Sie Ihr Verhalten kritisieren, versuchen Sie, dies auf eine Weise zu tun, die produktiv und effektiv ist. Machen Sie sich klar, dass es einen Unterschied gibt zwischen dem Mobbing wegen eines Fehlers und dem Erkennen eines Fehlers und der Suche nach Möglichkeiten, ihn zu verbessern. Wenn Sie sich selbst schikanieren, werden Sie immer das Gefühl haben, dass Sie nicht in der Lage sind, Veränderungen in Ihrem Leben vorzunehmen, weil etwas von Natur aus nicht mit Ihnen stimmt oder Ihre früheren Fehler bedeuten, dass Sie keine positive

Zukunft verdienen. Das ist nicht konstruktiv, wenn es darum geht, Sie vorwärtszubringen und Ihnen ein besseres Leben zu ermöglichen. Es wird Sie nur weiter ausbremsen. Sie müssen Mitgefühl mit sich selbst haben und sich selbst Kritik auf eine Weise anbieten, die es Ihnen erlaubt, tatsächlich danach zu handeln und Veränderungen in Ihrem Leben vorzunehmen. Versuchen Sie, sich selbst zu stärken, indem Sie sich auf Ihre Fehler hinweisen und sich selbst einen Ratschlag geben, anstatt zu versuchen, sich selbst zu bezwingen bis Sie kapitulieren.

Ein kraftvoller Weg, um Ihren inneren Kritiker in die Schranken zu weisen und sich dafür zu entscheiden, sich auf eine mitfühlendere und sinnvollere Weise mitzuteilen, besteht darin, in den Spiegel zu schauen und Ihren inneren Kritiker und alles, was er zu Ihnen gesagt hat, zu konfrontieren. Erkennen Sie an, dass er immer versucht hat, Sie auf den richtigen Weg zu führen, danken Sie ihm dafür und machen Sie ihm anschließend klar, wie sich das Kritisiertwerden wirklich anfühlt. Scheuen Sie sich nicht, ehrlich darüber zu sein, wie Sie sich dadurch fühlen, egal wie schmerzhaft es sein mag, sich diese Gefühle einzugestehen. Sprechen Sie mit Ihrem inneren Kritiker offen und direkt darüber, wie Sie sich fühlen und was Sie brauchen, so als wäre er eine andere Person. Wenn Sie sich selbst auf diese Weise ansprechen, wird das Erkennen Ihrer Gefühle und dessen, wie schädlich Ihre derzeitigen Prozesse sind, viel einfacher, weil Sie die Emotionen und Gedanken ans Licht bringen, anstatt zu versuchen, sie zu verdrängen.

Jedes Mal, wenn Sie in Zukunft hören, dass Ihr innerer Kritiker harsch und beleidigend wird, sollten Sie innehalten und sich selbst daran erinnern, dass Sie Ihr Bedürfnis nach Veränderung auf eine mitfühlendere und achtsamere Weise angehen möchten. Nehmen Sie sich die Zeit, sich ehrlich mit Ihren Gefühlen und mit dem, was Sie glauben, verbessern zu müssen, auseinanderzusetzen, und bemühen Sie sich dann bewusst darum, diese Dinge zu verbessern. Jedes Mal, wenn Sie sich bei Ihrer alten Gewohnheit ertappen, gemein zu sich selbst zu sein, verzeihen Sie sich diese Erfahrung und wechseln Sie bewusst das Vokabular, damit die Kritik sinnvoller und höflicher rüberkommt. Nehmen wir an, Sie haben das Gefühl, dass es Ihnen schwerfällt, mit anderen zu kommunizieren, und Sie ertappen sich regelmäßig dabei, wie Sie sich wünschen, dass Sie sinnvollere und effektivere Gespräche mit den Menschen um Sie herum führen könnten. Wenn Ihr innerer Kritiker unerbittlich ist, könnte er anfangen, Dinge zu sagen wie: „Ich bin schrecklich im Kommunizieren, ich kann nie das Richtige sagen. Ich kann nicht glauben, dass ich das wirklich gesagt habe. Ich muss so dumm geklungen haben. Das ist mir so peinlich, dass ich mich nicht mehr an solchen Gesprächen beteiligen sollte. Offensichtlich bin ich unfähig." Diese Art von innerem Dialog ist weit verbreitet, aber wie Sie wahrscheinlich schon beim Lesen dieser Worte erkennen können, ist er gemein und verletzend. Wenn Sie diese Dinge regelmäßig denken, werden Sie immer meinen, dass Sie unfähig sind und dass Sie Situationen vermeiden müssen, in denen sich Ihr Unvermögen bemerkbar macht, in diesem Beispiel das Führen von Gesprächen. Natürlich sind Gespräche unvermeidlich, und jedes Mal, wenn Sie sich auf eines einlassen und diese Gedanken auftauchen, werden Sie es nur als weiteren Beweis dafür verwenden, dass Sie unwürdig und unfähig sind.

Stattdessen könnten Sie den Dialog ändern und etwas Höflicheres zu sich selbst sagen, z. B. „Ich habe mein Bestes versucht, aber ich denke definitiv, dass ich es hätte besser machen können. Als ich das gesagt habe, hätte ich deutlicher und selbstbewusster sein sollen, damit ich ernster genommen werde. Ich werde es beim nächsten Mal besser machen, damit ich meine Sprachfähigkeiten verbessern und bessere Gespräche führen kann." Das ist nicht nur eine wesentlich höflichere Art und Weise, mit sich selbst umzugehen, wenn es um Kritik geht, sondern auch eine wesentlich konstruktivere und unterstützendere. Wenn Sie sich selbst gegenüber auf diese Weise Kritik äußern, reflektieren Sie, was Ihrer Meinung nach falsch gelaufen ist und suchen sofort nach einer Lösung, damit es in Zukunft besser funktionieren kann. Auf diese Weise haben Sie nicht das Gefühl, dass Sie Ihrem Unvermögen ausgeliefert sind, weil Sie sich ganz klar darauf konzentrieren, es besser zu machen.

Ihre wachstumsorientierte Denkweise aktivieren

Eine wachstumsorientierte Denkweise zu haben bedeutet, dass Ihr Fokus immer auf der Suche nach Möglichkeiten liegt, wie Sie sich und Ihr Leben verbessern können. Anstatt sich ständig auf Ihre Schwächen und Rückschläge zu konzentrieren, konzentrieren Sie sich auf die Dinge, die Sie wirklich kontrollieren können, und setzen dann alles daran, diese Dinge zu verbessern. Manche Menschen entwickeln im Laufe ihres Lebens auf natürliche Weise eine wachstumsorientierte Denkweise, während andere Menschen sich später im Leben bewusst darauf konzentrieren müssen, um diese zu erlangen. Wenn

Sie Ihre wachstumsorientierte Denkweise aktivieren möchten, damit Sie mehr Mitgefühl für sich selbst empfinden und sich stärker darauf konzentrieren, wo Sie Ihr Leben verbessern können, anstatt sich mit Ihren Fehlern zu beschäftigen, werden Ihnen die folgenden Strategien helfen.

Sehen Sie Ihre Herausforderungen als Chancen

Eine wichtige Komponente der wachstumsorientierten Denkweise besteht darin, die Art und Weise, wie Sie Herausforderungen in Ihrem Leben sehen, zu ändern. Wenn Sie sich entscheiden, Ihre Herausforderungen als einen Weg zur Verbesserung in Ihrem Leben zu sehen, öffnen Sie buchstäblich Ihren Geist für eine ganz neue Welt von Möglichkeiten. Anstatt Ausreden zu benutzen, sich selbst zum Opfer zu machen oder sich jedes Mal zu beschweren, wenn eine Herausforderung in Ihrem Leben auftaucht, entscheiden Sie sich, sie als Chance zu betrachten. Wenn Sie Ihre Herausforderungen als Chancen betrachten, nehmen Sie ihnen die Macht, Sie auszubremsen und am Wachstum zu hindern.

Jedes Mal, wenn Sie mit einer neuen Herausforderung in Ihrem Leben konfrontiert werden, fragen

Sie sich nun nicht mehr „Warum passiert mir das?", sondern „Was lehrt mich das?" Wenn Sie diese einfache Änderung in Ihrer Perspektive vornehmen, wird es einfacher, die Chance zu sehen, die jedes Hindernis darstellt, und Sie erkennen, dass es weit mehr mögliche Ausgänge gibt als den der Niederlage.

Versuchen Sie, auf neue Art und Weise zu lernen

Es gibt vier verschiedene Arten, neue Informationen zu lernen – visuell, auditiv, verbal und physisch. Manche Menschen müssen Dinge in klaren Details sehen, um sie zu verstehen, während andere Menschen das, was ihnen beigebracht wird, physisch üben müssen, um die Informationen zu verstehen. Jeder kann auf jede dieser Arten lernen, aber Menschen neigen dazu, in einem Stil effektiver zu lernen als in den anderen. Wenn Sie herausfinden, welcher Lernstil Ihnen am meisten liegt, können Sie sicherstellen, dass Sie Ihr Lernen immer so weit wie möglich auf diesen Stil abstimmen. Auf diese Weise ist es viel wahrscheinlicher, dass Sie das, was Sie lernen, aufnehmen und Ihre Fähigkeiten wirklich verbessern, anstatt sich geschlagen zu geben oder das Gefühl zu haben, dass Sie nicht in der Lage sind, die vorliegenden Informationen zu erfassen.

Elisa Peters

Sagen Sie „Lernen" statt „Scheitern"

Genauso wie Sie Ihre Herausforderungen als Chancen begreifen sollten, sollten Sie auch Ihre Misserfolge als Lektionen begreifen. Wenn Sie sagen, dass etwas ein Misserfolg ist, sehen Sie es als unumstößlich und beendet an, was dazu führt, dass Sie sich so verhalten, als gäbe es keine Alternative zu dem Ergebnis, das Sie erhalten haben. Menschen, die an ein Scheitern glauben, haben das Gefühl, als würde das Leben ständig auf ihnen herumtrampeln und als hätten sie keine Lösungen, um vorwärtszukommen und das Leben zu erschaffen, das sie verdient haben. Sie nutzen häufig Ausreden, um zu vermeiden, dass sie es noch einmal versuchen müssen, und oft glauben diese Menschen wirklich, dass ihre Ausreden einen echten Grund dafür liefern, warum sie nicht weitermachen können.

Wenn Sie sich regelmäßig von Ihren Rückschlägen unterkriegen lassen und jede Lektion als Misserfolg ansehen, werden Sie sich selbst dabei ertappen, wie Sie jede erdenkliche Ausrede vorbringen, warum Sie es nicht noch einmal versuchen können. Am Ende berauben Sie sich damit nur selbst des Wachstumspotenzials und verhindern, dass Sie den Erfolg erreichen, den Sie sich wünschen. Sie müssen Ihr Scheitern so umgestalten, dass Sie beginnen, es als eine Gelegenheit zu sehen, dazuzulernen, und nicht als ein unumstößliches Ende von etwas, das Sie sich zutiefst wünschen. Sie sind nicht unfähig, über das Scheitern hinauszuwachsen und daraus zu lernen, Sie müssen nur die Art und Weise, wie Sie das Scheitern wahrnehmen, so umgestalten, dass Sie stets daran wachsen können.

Messen Sie dem Prozess mehr Wert bei

Wenn Sie Wert auf das Ergebnis legen, werden Sie während des Prozesses nachlässig oder nehmen Abkürzungen, um zum gewünschten Erfolg zu gelangen. Am Ende wird Ihr Erfolg nicht nachhaltig sein, weil er auf Dingen beruht, die Sie nicht wirklich kennen oder verstehen. Wenn an diesem Erfolg dann also unweigerlich gerüttelt wird und Sie in eine Position gebracht werden, in der Sie Leistung erbringen müssen, sind Sie nicht in der Lage, diese effektiv zu erbringen, und alles fällt auseinander. Niemand gewinnt, wenn Sie den Lernprozess vernachlässigen und sich direkt auf das Ergebnis stürzen.

Außerdem, wie Sie bereits wissen, sieht das Ergebnis selten so aus, wie Sie es erwarten. Wenn Ihnen das Ergebnis wichtiger ist als der Prozess, wird der Prozess seinen Wert komplett verlieren und Sie die Freude an ihm, weil Sie so sehr auf die Ergebnisse fixiert sein werden, die Sie sich davon versprechen. Nehmen Sie sich Zeit und investieren Sie in das tägliche Lernen, es wird Ihnen viel mehr nützen, wenn es darum geht, einen Wert in Ihrem Leben zu finden und echte Fähigkeiten zu erlangen, die Sie auf lange Sicht unterstützen können.

Feiern Sie Ihre Fortschritte mit anderen

Der Versuch, Ihre Fortschritte allein zu feiern, kann sich einsam gestalten. Wenn es sich so anfühlt, als ob Sie der Einzige sind, der sich für Ihre Fortschritte und Ihren Erfolg interessiert, kann es sich manchmal recht sinnlos anfühlen und so, als ob es sich für Sie vielleicht nicht lohnt, weiterzumachen. Das bedeutet nicht, dass Sie Ihre Fortschritte ausschließlich von der positiven Aufmerksamkeit anderer Menschen abhängig machen sollten, aber wenn Sie andere Menschen dazu einladen, an Ihren Fortschritten teilzuhaben, kann es sich bedeutsamer und realer anfühlen.

Wenn Sie große Fortschritte auf dem Weg zu neuem Wachstum in Ihrem Leben machen, scheuen Sie sich nicht, diejenigen einzuladen, die Ihnen nahestehen, um Ihre Fortschritte mit Ihnen zu feiern. Anstatt sich in Ihrem Haus zu verkriechen und allein einen guten Film zu schauen, laden Sie einen guten Freund oder sogar mehrere gute Freunde zum Essen ein.

Feiern Sie Ihr Wachstum, indem Sie Zeit mit den Menschen verbringen, die Ihnen wichtig sind, und machen Sie es zu einer wertvollen Erfahrung, denn das fühlt sich viel lohnender und besonderer an, als jedes Mal allein zu feiern.

Belohnen Sie Ihre Taten, nicht Ihre Eigenschaften

Ein großer Nachteil des Lebens im Zeitalter der sozialen Medien ist, dass wir dazu neigen, die Eigenschaften anderer Menschen zu sehen und nicht unbedingt ihre Handlungen oder Verhaltensweisen. Das kann dazu führen, dass Sie nur Ihre eigenen Eigenschaften wahrnehmen und sie mit anderen vergleichen. Denken Sie daran, dass Eigenschaften oder Attribute keine Dinge sind, die Sie an sich selbst ändern können – sie existieren einfach so, wie sie sind.

Wenn Sie Ihre wachstumsorientierte Denkweise wirklich aktivieren wollen, konzentrieren Sie sich auf Ihre Verhaltensweisen und Handlungen und belohnen Sie sich für positive Verhaltensweisen. Dadurch wird es Ihnen leichter fallen, sich auf die Teile von sich selbst zu konzentrieren, die Sie ändern können und die, wenn sie geändert werden, einen enorm positiven Einfluss auf Ihr persönliches Wachstum haben können.

Bemühen Sie sich mehr um Anstrengung als um Talent

Wenn Sie zu viel Wert auf Ihre Talente oder die Talente anderer legen, können Sie sich wegen trivialer Dinge unglaublich voreingenommen fühlen. Talent kann kultiviert werden, was bedeutet, dass jeder in allem talentiert werden kann, solange er sich darauf konzentriert und es wirklich weiter versucht. Das bedeutet, dass es nicht auf das aktuelle Niveau des Talents ankommt, sondern vielmehr auf das aktuelle Niveau der Anstrengung. Menschen, die auf Erfolg aus sind, werden sich auf ihre Bemühungen konzentrieren und eine große Menge an Energie in das Erreichen positiver Ergebnisse ihrer Bemühungen stecken. Infolgedessen ist es wahrscheinlicher, dass sie erfolgreich sind.

Dies ist auch ein großartiges Hilfsmittel, wenn Sie sich von Perfektionismus lösen und darauf hinarbeiten, sich von dem Anspruch zu befreien, alles von Anfang an richtig machen zu müssen. Wenn Sie beginnen, sich mehr auf Ihre eigenen Bemühungen zu konzentrieren als auf Ihr aktuelles Niveau an Talent, beginnen Sie, die Energie freizusetzen, die Sie brauchen, um Ihren gewünschten Erfolg zu erreichen, ohne sich selbst zu sehr unter Druck zu setzen, weil Sie nicht gleich der Beste sind. Menschen, die am

Ende einen Status wie „der Beste" erreichen, gelangen nicht dahin, indem sie versuchen, sofort perfekt zu sein. Sie erreichen es durch konstante, bewusste Anstrengung.

Übernehmen Sie Verantwortung für sich selbst

Sie sind die einzige Person, die für alles, was Sie in Ihrem Leben getan haben, verantwortlich ist, nicht jemand anderes. Auch wenn andere Menschen zu Ihren Entscheidungen beigetragen haben, waren sie nicht diejenigen, die diese Entscheidungen für Sie getroffen haben, Sie selbst haben sie getroffen. Sie müssen erkennen, dass Sie der Einzige sind, der die Verantwortung für sich selbst übernehmen kann. Wenn Sie das tun, wird es auch wesentlich einfacher, sich so zu verhalten, dass Sie aus der Opfermentalität heraustreten und in die Denkweise eintreten können, die für kontinuierliches Wachstum erforderlich ist.

Arbeiten Sie ab heute daran, die Verantwortung für jede einzelne Handlung und Entscheidung, die Sie treffen, zu übernehmen. Lassen Sie sich von niemandem dazu drängen, Entscheidungen zu treffen, die Sie nicht wirklich treffen wollen, oder Handlungen durchzuführen, die Sie nicht wirklich durchführen wollten. Wenn Sie die Verantwortung übernehmen, werden

Sie feststellen, dass es für Sie viel einfacher wird, die Maßnahmen zu ergreifen, die *Sie* ergreifen wollen, wie zum Beispiel zu wachsen und sich zu verbessern.

Mit Fehlern umgehen

Jeder macht Fehler. Das ist einfach eine Tatsache des Lebens. Vielleicht haben Sie schon einmal den Spruch gehört: „Es ist egal, welche Fehler Sie im Leben machen, wichtig ist, wie Sie nach diesen Fehlern weitermachen." Wenn Sie immer wieder den gleichen Fehler machen, dann lernen Sie garantiert nicht aktiv oder effektiv die Lektionen, die notwendig sind, um Erfolg in Ihrem Leben zu generieren. Stattdessen bleiben Sie in Gewohnheiten und Mustern gefangen, die Sie am Wachstum hindern, weil Sie sich weigern, Ihre Fehler zu erkennen und neue Entscheidungen zu treffen. Dies ist wieder ein Beispiel dafür, wie wertvoll es ist, Verantwortung für sich und sein Leben zu übernehmen. Wenn Sie Verantwortung übernehmen, verpflichten Sie sich dazu, die für eine Veränderung erforderlichen Maßnahmen zu ergreifen.

Jedes Mal, wenn Sie in Ihrem Leben einen Fehler machen und mit nicht wünschenswerten Ergebnissen konfrontiert werden, verpflichten Sie sich, zu lernen, wie Sie diese Fehler überwinden und damit beginnen können, positivere Ergebnisse durch Ihre Bemühungen zu erzielen. Wenn Sie das tun, werden Sie anfangen, Wege zu finden, wie Sie aus Ihren Fehlern lernen und durch sie wachsen können, sodass Sie nicht immer wieder die gleichen Fehler machen. Sie können sich daran machen, die Lösung zu finden, indem Sie sich darauf konzentrieren, herauszufinden, an welchem Punkt Ihrer Bemühungen etwas falsch gelaufen ist und wie Sie die Situation anders hätten handhaben können. So können Sie den Fehler untersuchen und sehen, was gut gelaufen ist und was nicht, was sicherstellt, dass Sie tatsächlich das richtige problematische Verhalten korrigieren.

Nachdem Sie herausgefunden haben, wo das problematische Verhalten oder die problematische Handlung liegt, können Sie anfangen, nach ehrlichen Lösungen zu suchen, die es Ihnen ermöglichen, sich in Zukunft zu verbessern, damit Sie nicht immer wieder die gleichen Fehler machen. Wenn Sie so viel Aufmerksamkeit darauf verwenden, sich zu verbessern, erreichen Sie nicht nur persönliches Wachstum, sondern auch persönlichen Stolz. Anstatt sich peinlich berührt, frustriert oder niedergeschlagen zu fühlen, weil Sie in einer

Gewohnheitsschleife oder einem Verhaltensmuster feststecken, können Sie Vertrauen in Ihre beständigen Fortschritte haben. Das gibt Ihnen die Hoffnung, dass Sie weiterhin bessere Dinge im Leben tun und erreichen werden und erlaubt es Ihnen auch, sich selbst gegenüber mitfühlend zu bleiben, wenn sich Ihre Bemühungen nicht sofort auszahlen. Weil Sie auf Ihre eigenen Problemlösungsfähigkeiten und Ihren tiefen inneren Wunsch nach Veränderung vertrauen können, können Sie auch darauf vertrauen, dass Sie nicht immer wieder in denselben unerwünschten Situationen feststecken werden.

Abgesehen davon, dass Sie nach Möglichkeiten suchen, Ihre früheren Fehler zu verbessern und sich einen Plan dafür machen, sollten Sie auch einige Zeit damit verbringen, sich selbst zu verzeihen, wenn Sie in Ihrem Leben einen Fehler gemacht haben. Wenn Sie sich selbst nicht wirklich verzeihen, können sich ungelöste Emotionen anstauen, die dazu führen, dass Sie tiefsitzenden Groll oder Misstrauen gegen sich selbst entwickeln. Nehmen Sie sich die Zeit, Ihre Emotionen anzusprechen und sie zu verarbeiten, während Sie gleichzeitig Ihre nächsten Schritte logisch planen, damit Sie den Kreislauf des Fehlers vollständig abschließen und sich produktiver von ihm lösen können, während Sie nach vorn blicken.

Nachdem Sie in Ihrem Leben einen Fehler gemacht haben, ist es unerlässlich, zu wissen, wie Sie gänzlich nach vorn blicken können. Wie Sie wissen, sind das Verzeihen und das Erstellen eines Plans zwei wichtige Komponenten, denn dadurch können Sie den Zyklus abschließen und sich sicher sein, dass Ihre Lösung effektiv genug ist, um es beim nächsten Mal besser zu machen. Es gibt jedoch noch andere Dinge, die Sie tun sollten, wenn Sie nach einem Fehler nach vorn blicken, damit Sie das Gefühl haben, weiterzukommen.

Eine Sache, die Sie tun sollten, besteht darin, mit allen anderen zu kommunizieren, die von Ihrem Fehler betroffen sein könnten, um sicherzustellen, dass Ihre Absichten und Gefühle deutlich sind. Dies gibt Ihnen auch die Möglichkeit, sich zu entschuldigen, wenn eine Entschuldigung erforderlich ist, was sicherstellt, dass nichts offenbleibt. Wenn Sie sich nicht die Zeit nehmen, mit anderen zu kommunizieren und eine Situation abzuschließen, an der andere Personen beteiligt sind, kann dies Gefühle von Groll, Misstrauen und Schuld hervorrufen. Es kann sein, dass die andere Person Schwierigkeiten hat, Ihnen zu vertrauen, weil Sie nicht in der Lage waren, Ihren Fehler einzugestehen, und dass Sie eine enorme Menge an Schuldgefühlen empfinden, weil Sie den besagten Fehler gemacht haben, sodass es Ihnen peinlich ist oder Sie Angst haben, sich der Person zu nähern. Dies kann Beziehungen zerstören, daher ist es wichtig, sich um Kommunikation zu bemühen und alle Beziehungen zu kitten, die in diesem Prozess beschädigt worden sind. Dadurch wird es zudem einfacher, sich selbst gegenüber mitfühlend zu sein, weil Sie wissen, dass Sie alles getan haben, was Sie konnten, um die Situation zu verbessern, und dass Sie sich nicht schuldig fühlen oder sich die Schuld geben müssen, weil Sie sich nicht früher entschuldigt oder die Situation korrigiert haben.

Als Nächstes müssen Sie ein Element der Dankbarkeit einbringen, damit Sie beginnen können, das Positive in Ihrem Fehler zu sehen. Bei manchen Fehlern wird es schwierig sein, das positive Element darin zu sehen, weil der Fehler vielleicht so groß und einschneidend war, dass Sie wirklich das Gefühl haben, es könne nichts Gutes daraus entspringen. Suchen Sie in diesen Situationen nach den Dingen, die Sie nach dem Fehler gelernt haben, und sehen Sie, wie der Fehler Ihr Leben verändert hat, seit er passiert ist. Das sind alles Dinge, für die Sie dankbar sein können, auch wenn der Fehler selbst sich wie etwas so Schlimmes anfühlt, dass nichts Gutes daraus entstehen könnte.

Jedes Mal, wenn Sie einen Fehler in Ihrem Leben gemacht haben, schauen Sie immer, wie er Sie verändert hat und auf welche Weise Sie seitdem gewachsen sind. Das wird Ihnen helfen, die wachstumsorientierte Denkweise anzunehmen, die besagt, dass nichts ein Versagen ist, weil alles, was Sie ertragen, eine Lektion darstellt. Wenn Sie in der Lage sind, diese Denkweise zu übernehmen und sie in Ihrem realen Leben anzuwenden, wird es deutlich einfacher, sich selbst wirkliches Wachstum zu erlauben.

Vom Grübeln befreien

Der letzte Schritt, um Selbstkritik zu überwinden und sich von Fehlern, die Sie in Ihrem Leben gemacht haben, zu befreien, besteht darin, sicherzustellen, dass Sie sich von übermäßigem Nachdenken befreien. Solche Grübeleien können dazu führen, dass Sie dieselbe Erfahrung in Ihrem Kopf immer und immer wieder durchgehen, jeden einzelnen ihrer Aspekte analysieren und versuchen, neue Wege zu finden, um sich vor ihr zu schützen. Üblicherweise soll dieses Verhalten Ihnen helfen, Verhaltensweisen, die Ihnen Schmerzen oder Unbehagen bereitet haben, vollständig zu überwinden, aber am Ende fühlen Sie sich dadurch nur noch schlechter. Wenn Sie zu viel über die Dinge nachdenken, neigen Sie dazu, sich selbst viel zu sehr dazu zu nötigen, Ihr Verhalten auf einen Schlag komplett zu ändern, damit Sie nicht den gleichen Schmerz erleben, den Ihnen Ihr ursprünglicher Fehler eingebracht hat. Leider kann niemand sein gesamtes Verhalten so schnell ändern, was dazu führt, dass Sie sich beim nächsten Mal, wenn Sie einen ähnlichen Fehler begehen, nur noch schlechter fühlen, weil Sie das Gefühl haben, dass Sie bereits die perfekte Lösung hatten und es daher Ihre Schuld ist, wenn Sie eine unzureichende Leistung erbracht haben. In Wirklichkeit hatten Sie einfach viel zu hohe Erwartungen an sich selbst, sodass es für Sie praktisch unmöglich war, Ihren unangemessenen Standards gerecht zu werden.

Übermäßiges Nachdenken führt nicht nur dazu, dass Sie unangemessene Ansprüche an sich selbst stellen, sondern auch dazu, dass Sie viel mehr Zeit damit verbringen, sich Sorgen zu machen und sich schlecht zu fühlen, als es nötig ist. Wenn Sie zu viel nachdenken, behalten Sie eine Situation viel länger in Ihrem Kopf, als sie es eigentlich verdient. Wenn Sie sich häufig den Kopf zerbrechen, tun Sie dies vielleicht in Bezug auf viele verschiedenen Erfahrungen und Themen, was dazu führt, dass Sie sich noch schlechter fühlen und enorm überfordert sind. Ihr Gehirn fixiert sich auf all die Dinge, bei denen Sie Ihrer Meinung nach im Leben zu wenig leisten, was dazu führen kann, dass Sie kaum noch Möglichkeiten finden, eine positive Leistung zu erbringen, weil Sie sich ständig nur auf Ihre negative Leistung konzentrieren.

Das übermäßige Nachdenken einfach aufzugeben ist nicht immer eine Option. Wenn Sie schon lange zu viel nachdenken oder wenn Sie mit etwas wie Angst zu kämpfen haben, dann werden Sie vielleicht feststellen, dass das Aufgeben der Grübeleien eine Menge Anstrengung erfordert. Glücklicherweise wissen Sie jetzt, dass Sie sich auf Ihre Bemühungen konzentrieren sollten und nicht auf die Anzahl der Ergebnisse, die Sie erhalten. Wenn Sie sich auf Ihre Bemühungen konzentrieren, stellen Sie sicher, dass Sie sich darauf konzentrieren, Fortschritte zu machen, was Ihnen auf lange Sicht helfen wird, diese Fortschritte wirklich zu erreichen.

Der erste Schritt zur Überwindung des übermäßigen Nachdenkens besteht darin, sich bewusst zu machen, wie groß dieses Problem für Sie wirklich ist. Wenn Sie beginnen, Selbstwahrnehmung zu praktizieren und sich bewusst zu machen, wie oft Sie zu viel nachdenken und wie Sie sich dadurch fühlen, wird es für Sie einfacher, diesbezüglich ehrlich zu sich selbst zu sein. Durch diese Ehrlichkeit können Sie sich über Ihre Erwartungen klar werden und realistisch einschätzen, wie Sie sich verbessern können und wie diese Fortschritte im Laufe der Zeit aussehen werden. Auf diese Weise stellen Sie nicht versehentlich unrealistische Erwartungen an sich selbst, weil Sie sich nicht wirklich dessen bewusst sind, wie sehr Ihr Grübeln Sie beeinflusst.

Sobald Sie sich darüber im Klaren sind, wie oft Sie zu viel nachdenken und realistische Ziele für die Überwindung dieser Grübeleien festgelegt haben, müssen Sie sich mit den notwendigen Hilfsmitteln ausstatten, um die Gewohnheit zu durchbrechen. Ein großartiges Hilfsmittel besteht darin, sich selbst beizubringen, sich auf das zu konzentrieren, was richtig laufen könnte, anstatt auf das fixiert zu sein, was schieflaufen könnte. Sie sollten sich zwar immer noch über mögliche Probleme im Klaren sein, aber Sie sollten sich auch bewusst machen, welche positiven Ergebnisse Sie erleben könnten und wie diese Ihr Leben beeinflussen könnten. Eine realistische Betrachtung aller möglichen Ergebnisse, einschließlich der positiven, hilft Ihnen, zu erkennen, dass jede Situation viele positive und negative Lösungen in sich birgt. Dadurch wird es einfacher, neutral oder hoffnungsvoll zu bleiben, anstatt negativ und ängstlich zu sein, wenn es um unerwünschte Ergebnisse geht, denen Sie auf Ihrem Weg begegnen könnten.

Eine weitere Möglichkeit, mit der Überwindung des Grübelns zu beginnen, besteht darin, das Gedankenkarussell durch Zerstreuungen zu durchbrechen. Wenn Sie sich ablenken und dadurch erreichen, dass Sie sich besser fühlen, lernt Ihr Gehirn, die Kreisläufe, die zum übermäßigen Nachdenken führen, zu unterbrechen und verdrahtet sich buchstäblich neu, was zu neuen Gewohnheiten führt. Sie können sich leicht vom übermäßigen Nachdenken ablenken, indem Sie positive Affirmationen anwenden, angenehme Hobbys oder Aktivitäten ausführen, Sport machen oder etwas Neues oder anderes als Ihre üblichen Aktivitäten ausprobieren. Indem Sie aus Ihrer normalen Routine ausbrechen oder Ihren Fokus auf etwas Produktiveres legen, wird Ihr Gehirn gezwungen, aufmerksam zu sein, was dazu führt, dass Sie nicht mehr zu viel nachdenken.

Manchmal rührt das übermäßige Nachdenken daher, dass Sie sich nicht genug Zeit nehmen, um jede Situation, in die Sie sich begeben, angemessen zu bewerten. Wenn Sie jemand sind, der sich regelmäßig in Situationen stürzt, ohne dabei viel nachzudenken, oder wenn Sie früher so waren und eine enorme Anzahl unerwünschter Resultate erlebt haben, haben Sie vielleicht Angst, in Ihrem jetzigen Leben Risiken einzugehen. Infolgedessen verlassen Sie sich vielleicht auf Dinge wie übermäßiges Nachdenken, um zu vermeiden, dass Sie in Zukunft einen bedeutenden Fehler machen. Am Ende sind Sie jedoch in einer „Paralyse durch Analyse" gefangen oder in einem Zustand, in dem Sie nicht in der Lage sind, sich zu konzentrieren oder auch nur einen Schritt zu tun, weil Sie so viel Angst davor haben, zu versagen. In diesem Fall ist das Einhalten von Grenzen unerlässlich, da es Sie dabei unterstützt, ausreichend Zeit zu haben, um Ihre Situation zu bewerten und Entscheidungen zu treffen, ohne sich unter Druck gesetzt zu fühlen, sofort zu handeln. Wenn Sie zu viel nachdenken, stellen Sie sich einen Timer auf fünf Minuten, in denen Sie alles analysieren, wovor Sie Angst haben, und sich erlauben, alle Gedanken, die Sie beunruhigen, zu durchdenken. Stellen Sie den Timer dann noch einmal, diesmal auf zehn Minuten, in denen Sie alles aufschreiben und somit aus dem Kopf bekommen können. So verhindern Sie, dass Sie das Gefühl haben, ständig daran denken zu müssen, um Ihre gewählte Lösung nicht zu „vergessen". Wenn Sie mit dem Notieren fertig sind, verpflichten Sie sich, die Situation loszulassen und nach vorn zu blicken, indem Sie ein Hilfsmittel wie Ablenkung verwenden, das Sie dabei unterstützt, sich vollständig von Ihren Sorgen zu lösen und umsetzbare Schritte nach vorne zu machen.

Viele Menschen denken zu viel nach, um das wiedergutzumachen, was sie für eine schlechte Leistung halten. Sie glauben, dass sie ihre Leistung rückwirkend verbessern und ihre Fehler wieder gutmachen, indem sie zu viel über die Situation nachdenken und alle Fortschritte identifizieren, die sie möglicherweise hätten erzielen können. In Wirklichkeit ist das nicht der Fall. Kein noch so großes Nachdenken über alternative Ergebnisse wird ändern, wie sich die Situation entwickelt hat. Das Beste, was Sie tun können, ist, in jeder einzelnen Situation Ihr Bestes zu geben und sich dann ein oder zwei Dinge herauszupicken, die Sie in Zukunft besser machen könnten, damit Sie einen positiveren Einfluss haben. Indem Sie zu sich selbst ehrlich darüber sind, wie viel Mühe Sie sich geben, und vernünftig dabei, wie viel Sie erwarten, sich in Zukunft zu verbessern, können Sie den Kreislauf des chronischen Grübelns durchbrechen und sich positiv weiterentwickeln.

Kapitel 5

Selbstwahrnehmung

Der letzte Schritt, um das Selbstmitgefühl zu stärken, besteht in der Entwicklung Ihrer Achtsamkeit und Selbstwahrnehmung. Wenn Sie Achtsamkeit und Selbstwahrnehmung entwickeln, statten Sie sich mit den beiden wichtigsten Hilfsmitteln aus, die Sie benötigen, um Ihre Beziehung zu sich selbst zu verbessern und tieferes Mitgefühl und Sympathie für sich selbst zu entwickeln. Menschen, die achtsam und sich ihrer selbst bewusst sind, haben es leichter, ihre selbstzerstörerischen Verhaltensweisen zu erkennen, sie zu relativieren und sie auf produktive Weise zu überwinden.

In diesem letzten Kapitel erfahren Sie, wie Sie damit beginnen können, Ihre Achtsamkeits- und Selbstwahrnehmungspraktiken so aufzubauen, dass Sie wirklich ein tieferes und sinnstiftendes Selbstmitgefühl empfinden können. Sie sollten versuchen, diese Praktiken täglich anzuwenden, um sicherzustellen, dass Sie sich stets bemühen, eine positivere Beziehung zu sich selbst aufrechtzuerhalten. So wie bei jeder Beziehung in Ihrem Leben gilt: Je mehr aufrichtige Aufmerksamkeit und Sorgfalt Sie Ihrer Beziehung zu sich selbst schenken, desto mehr werden Sie davon haben. Dies ist eine sehr persönliche Erfahrung und bedeutet, dass Sie ein größeres Gefühl der Freude, des Optimismus, des Selbstwerts und des Selbstvertrauens in Ihre Fähigkeit, zu wachsen und jeden Tag zu einem besseren Menschen zu werden, erleben werden.

Denken Sie bei der Umsetzung dieser Praktiken daran, eine tiefe Selbstakzeptanz an den Tag legen. Ihre Beziehung zu sich selbst ist vielleicht im Moment nicht da, wo Sie sie gern hätten, was dazu führen kann, dass Sie eine Vielzahl verschiedener Gefühle wie Traurigkeit, Schmerz, Wut und Trauer empfinden. Seien Sie geduldig mit diesen Gefühlen und akzeptieren Sie sie, wenn sie auftauchen, damit Sie sie verarbeiten und Ihr Leben in Zukunft verbessern können.

Elisa Peters

Gegenwärtigkeit üben

Gegenwärtigkeit ermöglicht es Ihnen, im aktuellen Moment geerdet zu bleiben und diesen so zu genießen, wie er ist. Wenn Sie Gegenwärtigkeit praktizieren, sind Sie in der Lage, all Ihr Bedauern aus der Vergangenheit und all Ihre Sorgen über die Zukunft loszulassen, sodass Sie den gegenwärtigen Moment in vollen Zügen genießen können. Indem Sie konzentrierter und präsenter werden, machen Sie sich selbst das Geschenk, weniger ins Grübeln und Sich-Sorgen zu verfallen und entwickeln eine größere Fähigkeit, Momente, die Ihnen Freude, Glück und Zufriedenheit bringen, wirklich zu empfangen.

Die Entwicklung Ihrer Gegenwärtigkeit erfordert, dass Sie alles, was Sie jemals über die Geschäftigkeit des modernen Lebens gelernt haben, verleugnen und sich darauf konzentrieren, langsamer zu werden und jeden Moment wirklich so anzunehmen, wie er sich präsentiert. Anstatt ständig auf den Kalender oder die Uhr zu schauen, um zu prüfen, ob es an der Zeit ist, zur nächsten Aktivität überzugehen, gehen Sie alles langsamer an und erlauben sich, vollkommen in die aktuelle Aktivität einzutauchen, solange diese andauert. Sie können dies erreichen, indem Sie sich regelmäßige Pausen gönnen und sich vornehmen, während dieser Pausen alle unerwünschten Gedanken aus Ihrer Psyche zu verbannen, wie z. B. Gedanken, bei denen Sie sich auf das konzentrieren, was als Nächstes kommt oder was noch erledigt werden muss. Sobald Sie diese Gedanken losgelassen haben, schwelgen Sie in der Stille des Augenblicks und beginnen, sich dessen bewusst zu werden, was im gegenwärtigen Moment um Sie herum vorgeht. Selbst während Sie dies lesen, können Sie langsamer werden und eine Pause machen, damit Sie bei der Erfahrung gegenwärtig werden. Nehmen Sie wahr, was um Sie herum geschieht, hören Sie auf die Geräusche in Ihrer Umgebung und achten Sie auf alle Gefühle, die Sie gerade haben. Sich aktiv auf den Moment einzulassen, bringt Sie aus Ihren Gedanken heraus und in die Erfahrung hinein, sodass Sie anfangen können, geistig Platz zu schaffen und Ihr Leben mehr zu genießen.

Wenn Sie zu den Menschen gehören, die ständig doppelt, dreifach und vierfach auf Ihre Uhr oder Ihr Telefon schauen, um zu prüfen, ob es Zeit ist, zur nächsten Aktivität überzugehen, suchen Sie nach einer produktiveren Möglichkeit, Ihre Zeit zu verwalten. Anstatt sich ständig versucht zu fühlen, die Zeit zu überprüfen, stellen Sie einen Alarm oder eine Erinnerung ein, die ein paar Minuten vor dem

Wechsel der Aktivität ausgelöst wird. Auf diese Weise können Sie das Bedürfnis, die Zeit immer wieder zu überprüfen, völlig loslassen und sich darauf konzentrieren, präsent zu sein. Anstelle der ständigen Ablenkung können Sie darauf vertrauen, dass Sie rechtzeitig über Ihre nächste Aktivität informiert werden, ohne dass Sie persönlich auf die Uhrzeit achten müssen.

Die Entwicklung einer Meditationspraxis ist eine großartige Möglichkeit für Sie, sich darin zu üben, Ihre geschäftigen Denkgewohnheiten loszulassen und sich auf den gegenwärtigen Moment zu konzentrieren. Wenn Sie eine Meditationspraxis entwickeln, geben Sie sich selbst die Möglichkeit, bewusst langsamer zu werden und durch Ihre Meditation Gegenwärtigkeit zu üben. Untersuchungen zeigen, dass schon zehn Minuten Meditation am Tag, idealerweise am Morgen, Sie dabei unterstützen, sich ruhiger zu fühlen und von Moment zu Moment präsenter zu sein.

Tiefgreifend fühlen und loslassen

Eine sehr wertvolle Übung, mit der Sie beginnen können, einen tieferen Sinn für Achtsamkeit und Selbstwahrnehmung zu entwickeln, besteht darin, sich selbst zu erlauben, tiefgreifend zu fühlen, bevor Sie vollständig loslassen. Oft fühlen wir uns in Situationen, die uns begegnen, ausgelastet, gehetzt und unbeteiligt, weil wir Schwierigkeiten damit haben, jede Erfahrung, die wir in unserem Leben machen, vollständig zu fühlen. Wenn es Ihnen schwerfällt, Dinge tiefgreifend zu fühlen, versucht Ihr Verstand, diese Erinnerungen und Emotionen festzuhalten, damit Sie sie zu einem späteren Zeitpunkt wieder aufgreifen können. Wenn Sie sich diesen späteren Zeitpunkt nie gönnen, halten Sie innerlich an zu vielen Dingen fest, sodass Sie Schwierigkeiten bekommen, in jeden Moment und jede Emotion vollständig hineinzusinken, was Sie in dem Kreislauf gefangen hält, nie vollständig zu fühlen und somit auch nie loszulassen.

Um Ihnen zu helfen, tiefer in der Gegenwart verwurzelt zu bleiben und bessere Erfahrungen im Leben zu machen, beginnen Sie, die Kunst des tiefen Fühlens und vollständigen Loslassens zu pflegen. Jedes Mal, wenn Sie sich auf einen neuen Moment einlassen oder spüren, dass eine neue Emotion auftaucht, erlauben Sie ihr, vollständig auf Sie einzuwirken, und fühlen Sie sie bis in ihre Tiefe. Das bedeutet nicht unbedingt, dass Sie auf jede einzelne Emotion so weit wie möglich reagieren müssen. Konzentrieren Sie sich stattdessen einfach darauf, diese Emotion und ihre Reichweite anzuerkennen, und erlauben Sie ihr, wirklich in Ihr Herz und Ihren Körper einzudringen – als eine wahre und echte Emotion, die Sie erleben. Wenn Sie sich an einem sicheren Ort befinden, scheuen Sie sich nicht, Ihre Emotionen vollständig herauszulassen, indem Sie weinen, schreien, auf ein Kissen einschlagen oder sich einfach hinlegen und spüren, wie die Verzweiflung Sie ergreift. Wenn Sie die Tiefe der Emotion vollständig gefühlt haben, erlauben Sie sich, sie vollständig loszulassen. Da Sie die Emotion vollständig gefühlt haben, ist es einfacher, sie vollständig loszulassen, weil sich nichts mehr in Ihnen befindet, das an dieser Emotion festhält.

Wenn Sie feststellen, dass Sie sich an einem Ort befinden, an dem Sie Ihre Emotionen nicht loslassen können, z. B. bei der Arbeit oder in einer wichtigen Besprechung, geben Sie sich die Erlaubnis, dies auf später zu verschieben. Wenn Sie das tun, stellen Sie immer sicher, dass Sie zu dieser Emotion zurückkommen, sobald es für Sie angemessen ist, und fühlen Sie sich vollständig hinein, damit Sie sie auch vollständig loslassen können. Indem Sie sich vornehmen, in die Emotion hineinzugehen und sie vollständig zu fühlen, stellen Sie sicher, dass sie nicht in Ihnen gärt und dazu führt, dass Sie sie mehr erleben als nötig.

Der Wert von täglichen Erinnerungen

Wenn Sie Ihre Gewohnheiten ändern, um mehr Achtsamkeit und Selbstwahrnehmung einzubauen, wird das sehr einfache Hilfsmittel der täglichen Erinnerung zum wertvollsten. Tägliche Erinnerungen in Ihr Leben zu integrieren, die Sie dabei unterstützen, sich an eine Achtsamkeitspraxis zu erinnern oder sich Ihres gegenwärtigen Seinszustandes bewusst zu werden, kann Sie dabei unterstützen, sich tatsächlich daran zu erinnern, sich mit Ihren neuen positiven Gewohnheiten zu beschäftigen und diese zu verstärken. Je öfter Sie erinnert werden und sich mit Ihrer Achtsamkeit und Selbstwahrnehmung beschäftigen, desto leichter wird es Ihnen fallen, sich selbst daran zu erinnern, diese Verhaltensweisen ebenfalls zu praktizieren. Im Laufe der Zeit werden Sie feststellen, dass sich Ihre innere Fähigkeit, sich zu erinnern und sich dann tatsächlich voll auf die Achtsamkeit einzulassen, verbessern wird, sodass Sie mehr Freude und Positivität in Ihrem Leben erreichen können.

Es gibt viele Möglichkeiten, tägliche Erinnerungen für sich selbst festzulegen, damit Sie tatsächlich aufmerksam sind und sie beachten. Am besten ist es, tägliche Erinnerungen auf verschiedene Arten zu kreieren, sodass Sie tatsächlich aufmerksam sind und diesen Erinnerungen folgen, denn wenn Sie genau dieselbe Erinnerung zu oft sehen, kann dies dazu führen, dass Sie sie ignorieren. Sie können auf Ihrem Telefon Erinnerungen einstellen, die Sie im Laufe des Tages regelmäßig daran erinnern, Sie können Klebezettel zu Hause und im Büro hinterlassen und Sie können die Erinnerungen sogar in Ihrem Kalender notieren.

Eine weitere kreative Möglichkeit, sich selbst an die Achtsamkeit zu erinnern, ist das Festlegen von Anstößen, die Sie spontan daran erinnern sollen. Vielleicht beschließen Sie zum Beispiel, dass Sie von nun an jedes Mal, wenn Sie die Farbe Orange sehen, einen Moment innehalten und beginnen, Achtsamkeit und Selbstwahrnehmung zu üben. Indem Sie solche Anstöße festlegen, stellen Sie sicher, dass Sie jederzeit Achtsamkeit praktizieren und nicht nur, wenn Sie morgens die Erinnerung auf Ihrem Telefon oder die Notiz in Ihrem Tagesplaner sehen.

Je mehr Erinnerungen Sie festlegen und je mehr Sie sich dazu verpflichten, tatsächlich nach diesen Erinnerungen zu handeln, desto einfacher wird es für Sie, den größtmöglichen Nutzen aus ihnen zu ziehen. Mit der Zeit werden Sie sich so sehr an diese Erinnerungen gewöhnen, dass Sie ganz von selbst beginnen, sich mit Achtsamkeit und Selbstwahrnehmung zu beschäftigen. Jedes Mal, wenn Sie bemerken, dass eine intensive Gefühlswelle oder eine herausfordernde Situation vor Ihnen auftaucht, werden Sie langsamer werden und Ihre Achtsamkeits- und Selbstwahrnehmungspraktiken nutzen, sodass Sie sich insgesamt positiver fühlen können. Dies wird sich weiterentwickeln, während Sie Ihre wachstumsorientierte Denkweise verbessern, was dazu führt, dass Sie insgesamt eine kontinuierlich positivere Lebenserfahrung machen.

Meditation für Achtsamkeit und Selbstreflexion

Es gibt viele Meditationen, die Sie für Achtsamkeit und Selbstreflexion praktizieren können, einschließlich der beiden folgenden, die ich für Sie bereitgestellt habe. Die erste ist eine kürzere Meditation, die Sie immer dann praktizieren können, wenn Sie intensive Emotionen oder Energien spüren, die durch Ihren Körper strömen, und Sie das Bedürfnis haben, sich mit sich selbst zu verbinden. Die zweite ist länger und ermöglicht Ihnen eine bewusstere und bedeutungsvollere Verbindung zu sich selbst, sodass Sie sich wirklich auf Ihre Gefühle einstimmen und sie effektiver verarbeiten können. Sie sollten versuchen, jede dieser Übungen täglich anzuwenden, da sie beide einen großen Wert für die Verbesserung Ihrer allgemeinen Achtsamkeit und Selbstwahrnehmung haben und Ihnen helfen, ein tieferes Gefühl von Frieden und Ruhe in Ihrem Leben zu spüren.

Eine schnelle Atemmeditation

Um diese schnelle Atemmeditation zu praktizieren, benötigen Sie lediglich zwei bis drei Minuten Zeit für sich und die Bereitschaft, sich in dieser Zeit auf sich selbst einzustimmen und wirklich zuzuhören. Dann müssen Sie sich nur noch irgendwo hinsetzen oder hinstellen, wo Sie nicht abgelenkt werden, und Ihre Körperhaltung korrigieren. Konzentrieren Sie sich darauf, den Rücken gerade zu strecken, die Schultern zu senken, die Zungenmuskeln zu entspannen, die Körpermitte zu entspannen und sich ganz auf einen Moment der Ruhe einzulassen. Wenn Sie Ihren Körper vollständig entspannt haben, atmen Sie ein paar Mal tief ein und aus, wobei Sie bei jedem Einatmen bis vier zählen und bei jedem Ausatmen ebenfalls, mit dem Ziel, mindestens zehn vollständige Atemzüge zu nehmen.

Nachdem Sie durchgeatmet haben, fragen Sie sich: „Wie fühle ich mich gerade?" und „Was brauche ich gerade?" Hören Sie auf die Antworten, die auftauchen, damit Sie ein klares Gefühl dafür bekommen, welche Emotionen in Ihnen aufsteigen und welche unerfüllten Bedürfnisse Sie vielleicht im Moment haben. Erkennen Sie dann Ihre Emotionen und Bedürfnisse vollständig an und erstellen Sie einen Plan, wie Sie Ihre Emotionen durchleben und Ihre Bedürfnisse so bald wie möglich erfüllen können. Indem Sie anerkennen, was Sie fühlen und was Sie brauchen, und einen Plan erstellen, um sich mit diesen beiden Dingen zu beschäftigen, versichern Sie sich selbst, dass es keinen Grund gibt, sich Sorgen zu machen oder sich vernachlässigt zu fühlen, weil Sie aktiv versuchen, Ihre gegenwärtigen Bedingungen zu verbessern.

Wenn Sie sich in einer Situation befinden, in der Sie Ihre Emotionen aktiv durchleben oder Ihre Bedürfnisse erfüllen können, tun Sie das sofort. Wenn das nicht der Fall ist, sollten Sie sehr sorgfältig darauf achten, zu einem späteren Zeitpunkt auf Ihre Emotionen und Bedürfnisse zurückzukommen und sie vollständig zu beachten und zu erfüllen. Dadurch können Sie beginnen, ein Gefühl des Vertrauens in sich selbst und Ihre Fähigkeit, sich gänzlich um sich selbst zu kümmern, zu entwickeln.

Elisa Peters

Eine Ganzkörper-Scan-Meditation

Die Ganzkörper-Scan-Meditation ist eine Meditation, die Sie möglichst täglich ausführen sollten. Ein großer Ganzkörper-Scan jeden Tag, idealerweise zur Nachtzeit, ist eine großartige Gelegenheit für Sie, mit sich selbst in Kontakt zu treten, ein Gefühl dafür zu bekommen, was in Ihrem Geist vor sich geht, und alle ungelösten Emotionen oder Gedanken aufzugreifen, die vom Tag übrig sein könnten. Betrachten Sie dies als Ihre Gelegenheit, sich selbst bewusst Mitgefühl zu zeigen, besonders wenn Sie damit im Laufe des Tages Schwierigkeiten hatten. Wenn Sie beginnen, sich diese Zeit zu nehmen und sich selbst regelmäßig Aufmerksamkeit zu schenken, werden Sie feststellen, dass Sie eine tiefere Beziehung zu sich selbst aufbauen, die es Ihnen erlaubt, sich noch besser auf sich selbst einzustellen.

Um Ihren Körper-Scan zu beginnen, setzen oder legen Sie sich zunächst hin und atmen Sie mehrmals tief in den Bauch ein. Füllen Sie Ihre Lungen so vollständig wie möglich, atmen Sie auch so lange wie möglich wieder aus und erlauben Sie sich, sich mit jedem Atemzug mehr zu entspannen. Sobald Sie spüren, dass Sie in einen Zustand der Entspannung gelangen, beginnen Sie, Ihre Aufmerksamkeit auf Ihren Körper zu lenken und zu spüren, ob Sie bestimmte Bereiche bemerken, die von Anspannung erfüllt sind. Wenn dies der Fall ist, gehen Sie diese Bereiche einen nach dem anderen durch und bemühen Sie sich bewusst, sie vollständig zu entspannen, bevor Sie mit dem offiziellen Körper-Scan beginnen.

Wenn Ihr Körper völlig entspannt ist, leiten Sie Ihr Bewusstsein in Ihre Füße und nehmen Sie sich einen Moment Zeit, um zu bemerken, ob Sie irgendeine Anspannung aufweisen, bevor Sie sie bewusst vollständig entspannen. Lenken Sie dann Ihr Bewusstsein nach oben zu Ihren Schienbeinen und machen Sie sich bewusst, ob Sie dort eine Spannung verspüren und wenn ja, lassen Sie diese ebenfalls vollständig los. Fahren Sie auf diese Weise den ganzen Körper hinauf fort, indem Sie Ihre Aufmerksamkeit auf Knie, Oberschenkel, Gesäß, Hüften, Bauch und unteren Rücken, Rumpf, mittleren Rücken, Brust und oberen Rücken, Schultern, Bizeps, Unterarme, Hände, Nacken und Kopf lenken. Indem Sie Ihre Aufmerksamkeit bewusst auf jeden Ihrer Körperteile lenken und dieses Bewusstsein in sich aufsteigen lassen, geben Sie sich selbst die Möglichkeit, bewusst jeglichen Stress loszulassen, der sich möglicherweise in Ihrem Körper gebildet hat. Dies wird als Ganzkörper-Scan oder als eine Form der progressiven Muskelentspannung bezeichnet, die es Ihnen ermöglicht, Ihren gesamten Körper vollständig spannungsfrei zu machen und alles loszulassen, was Sie mit sich herumtragen. Sobald Sie fertig sind, sollten Sie alle Gefühle ansprechen, die währenddessen in Ihnen aufgestiegen sind, und sich erlauben, diese vollständig zu verarbeiten und dann loszulassen, sodass Sie in der Lage sind, gänzlich nach vorn zu blicken.

Achtsamkeitsübungen

Neben der Meditation gibt es viele andere Achtsamkeitspraktiken, die Sie ausprobieren können, um in einen tieferen Zustand der Achtsamkeit und Selbstwahrnehmung zu gelangen. Diese Praktiken reichen von Dingen, die Sie aktiv nutzen können, um sich während Ihrer alltäglichen Erfahrungen achtsamer zu machen, bis hin zu Dingen, die Sie während Ihrer persönlichen Auszeit durchführen können, um Ihre Achtsamkeit zu verbessern.

Spontanes Verbinden mit der Umgebung

Ein spontanes Verbinden mit der Umgebung ist eine einfache Übung, bei der Sie langsamer werden und auf die Umgebung um Sie herum achten, während Sie sich mit irgendeiner Form von Alltagserfahrung beschäftigen. Sie können dies immer dann tun, wenn Sie bemerken, dass Sie abschalten oder damit kämpfen, im Moment verhaftet zu bleiben, oder einfach um zu sehen, wie aufmerksam Sie wirklich sind. Das kann bei der Arbeit geschehen, wenn Sie Zeit mit Freunden verbringen, oder sogar, wenn Sie morgens im Bett die Augen öffnen. Je mehr Sie es üben, desto achtsamer werden Sie.

Für diese Übung müssen Sie sich einfach auf Ihre Umgebung einstimmen und mindestens eine Sache bemerken, die jeden Ihrer Sinne anregt. Sie sollten also eine Sache wahrnehmen, die Sie sehen, eine Sache, die Sie hören, eine Sache, die Sie fühlen, eine Sache, die Sie riechen, und eine Sache, die Sie schmecken. Da Sie wahrscheinlich nicht ständig Ihre Umgebung schmecken, bietet ein Schluck Wasser oder das Kauen eines Kaugummis eine gute Möglichkeit, Ihren Geschmackssinn auch dann anzusprechen, wenn Sie nicht aktiv etwas essen oder trinken.

Praktiken des achtsamen Zuhörens

Zuhören ist ein mächtiges Hilfsmittel, wenn es darum geht, sich wirklich auf Ihre Umgebung einzulassen. Eine großartige Zuhörübung, die Sie während

Ihrer persönlichen Auszeit durchführen können, nennt sich „Achtsames Zuhören" und erfordert, dass Sie ein Musikstück verwenden, dem Sie achtsam zuhören. Das Ziel beim Anhören dieser Musik ist es, auf jedes Wort zu hören und es dann aktiv loszulassen, während Sie zum nächsten Wort im Lied übergehen. Anstatt zu versuchen, sich an das Gesagte zu erinnern oder eine Meinung bzw. ein Verständnis darüber zu formulieren, was das Lied bedeutet, hören Sie einfach zu und erleben Sie es in völliger Gegenwärtigkeit.

Sich auf die Details fokussieren

Wenn es Ihnen schwerfällt, während einer bestimmten Erfahrung präsent oder achtsam zu bleiben, üben Sie sich darin, Ihre Aufmerksamkeit auf die Details zu richten. Lenken Sie dazu einfach Ihr Bewusstsein auf die Details dessen, was Sie gerade tun. Wenn Sie zum Beispiel Geschirr spülen, achten Sie auf die Temperatur des Wassers, die Beschaffenheit der Seife und den Anblick dessen, wie das Geschirr sauber wird. Erlauben Sie sich, jedem Schritt des Vorgangs Ihre Aufmerksamkeit zu schenken und sich wirklich darauf einzulassen, wie er sich für Sie anfühlt. Indem Sie sich auf jedes Detail des Vorgangs einlassen, ermutigen Sie Ihren Verstand, sich auf das zu konzentrieren, was Sie tun, anstatt zuzulassen, dass er sich langweilt und von anderen Dingen abgelenkt wird, die um Sie herum vor sich gehen.

Selbstreflexionsübungen

Selbstreflexion ist eine großartige Gelegenheit, Ihre Selbstwahrnehmung zu verbessern und ein tieferes Verständnis dafür zu entwickeln, wer Sie sind und was Sie zu bieten haben. Tägliche Selbstreflexion gibt Ihnen die Möglichkeit, sich selbst auf einer tieferen Ebene zu verstehen und zu entscheiden, was Sie in Ihrem Leben verbessern möchten, damit Sie bessere Ergebnisse bei Ihren Bemühungen um Selbstvervollkommnung erzielen können. Sie sollten sich bemühen, mindestens eine Selbstreflexionsübung pro Tag durchzuführen, damit Sie sich wirklich in Ihr Wachstum und Lernen vertiefen und eine starke Beziehung zu sich selbst kultivieren können.

Selbstreflexionstagebuch

Nichts geht über ein gutes, altmodisches Tagebuch, wenn es darum geht, zu lernen, wie man sich verbessern und das Bestmögliche aus sich selbst herausholen kann. Ein Selbstreflexionstagebuch zu schreiben ist eine einfache Aktivität, der Sie sich täglich widmen können, sodass Sie die Aufmerksamkeit darauf richten können, wie es Ihnen geht, und auf die Bereiche Ihres Lebens, in denen Sie sich verbessern möchten.

Der beste Weg, Ihr Selbstreflexionstagebuch zu nutzen, besteht darin, alle Dinge aufzuschreiben, die Sie gerne besser gemacht hätten, und alle Dinge, auf die Sie besonders stolz sind. Bei den Dingen, die Sie gerne besser gemacht hätten, schreiben Sie auf, warum Sie sich wünschen, dass Sie es besser gemacht hätten, und auf welche Art und Weise. So haben Sie eine Vorstellung davon, was Sie in Zukunft tun können, und ein klares Verständnis dafür, warum es so passiert ist, sodass Sie wahres Mitgefühl mit sich selbst üben können. Loben Sie sich für die Dinge, auf die Sie stolz sind, und nehmen Sie sich einen Moment Zeit, um sich in Ihren Stolz bezüglich dieser Themen zu vertiefen.

Sich bei Ihren Selbstgesprächen zuhören

Ihren eigenen Selbstgesprächen zu lauschen, bietet eine großartige Möglichkeit, um zu hören, wie Sie mit sich selbst kommunizieren und eine bessere Vorstellung davon zu bekommen, wie Sie die Art und Weise, wie Sie mit sich selbst sprechen, verbessern können. Wenn Sie sich bei Ihren Selbstgesprächen zuhören, können Sie sich darüber klar werden, was Ihren Erfolg im Leben fördert oder behindert. Wenn Ihre Selbstgespräche mitfühlend und fürsorglich sind, dann stehen die Chancen gut, dass Sie positive Selbstgespräche führen, die Sie tatsächlich dabei unterstützen, im Leben voranzukommen. Wenn Ihre Selbstgespräche jedoch hart oder herablassend klingen, können Sie leicht die Kontrolle über sie zurückgewinnen und in einen Zustand tieferen Mitgefühls zurückkehren, sodass Sie nicht mehr versuchen, sich selbst zu unterwerfen.

Ihren Fortschritt nachvollziehen

Der beste Weg, um Ihren Fortschritt nachzuvollziehen, wenn es um persönliche Entwicklung geht, vor allem in Bezug auf Dinge wie Achtsamkeit und Selbstwahrnehmung, die tendenziell schwierig zu messen sind, ist das Verfassen von Tagebucheinträgen, die Momentaufnahmen darstellen. Dabei schreiben Sie im Wesentlichen einen Tagebucheintrag pro Woche, in dem Sie sehr ehrlich darüber berichten, wie Sie Achtsamkeit und Selbstwahrnehmung in Ihrem Leben derzeit umsetzen. Beurteilen Sie darin auf eindeutige Weise, wie gut es Ihnen Ihrer Meinung nach geht, und stellen Sie sicher, dass Sie alle Bereiche hervorheben, in denen Sie das Gefühl haben, nicht so gut zu sein, wie Sie es Ihrer Ansicht nach sein könnten.

Indem Sie ehrlich festhalten, wie Sie sich in Bezug auf Achtsamkeit und Selbstwahrnehmung oder andere Aspekte Ihrer selbst fühlen, die Sie zu verbessern versuchen, erschaffen Sie klare Aufzeichnungen zu Ihrem Fortschritt, auf die Sie später zurückblicken können. Sie können dann Ihre Momentaufnahmen noch einmal durchlesen und auf der Grundlage Ihrer Notizen sehen, wie sehr Sie sich verändert haben und wie weit Sie gekommen sind. Natürlich werden Sie aufgrund der Art und Weise, wie dies funktioniert, nur dann wahnsinnige Ergebnisse erzielen, wenn Sie sehr ehrlich zu sich selbst sind und wirklich jedes Mal die Realität dessen erfassen, wie es Ihnen geht.

Eine weitere Möglichkeit, Ihren Fortschritt nachzuvollziehen, bildet die Kommunikation mit einer Ihnen nahestehenden Person, die Sie gut kennt. Indem Sie diese um Feedback zu Ihren Fortschritten bitten (soweit sie diesem Fortschritt beigewohnt hat), geben Sie auch sich selbst die Möglichkeit, ein klares Verständnis Ihrer Person zu bekommen und dessen, wie diese Ihre persönlichen Verbesserungen widerspiegeln könnte. Achten Sie darauf, nicht zu oft zu fragen, sonst könnte es erdrückend oder ineffektiv werden, aber scheuen Sie sich nicht, von Zeit zu Zeit nachzufragen, nur um ein klares Verständnis dafür zu bekommen, wie weit Sie gekommen sind und wo Sie sich in Zukunft verbessern müssen.

Schlusswort

Unsere gemeinsame Reise für die Dauer dieses Buchs ist nun beendet, auch wenn ich weiß, dass Ihre persönliche Reise zum Selbstmitgefühl nie wirklich zu einem Ende kommen wird. Ich möchte sicherstellen, dass Sie sich wirklich mit allen Hilfsmitteln ausgestattet fühlen, die Sie brauchen, um Ihre neue Fähigkeit des Selbstmitgefühls vollständig zu verinnerlichen.

Zuerst möchte ich Sie daran erinnern, wie wichtig Ihre Beziehung zu sich selbst ist und dass sich Ihre Identität aus drei Bewusstseinszuständen zusammensetzt, über die wir alle verfügen. Ich hoffe, dass Sie beim Erlernen dieses Konzepts ein stärkeres Verständnis dafür entwickeln konnten, dass Ihre Wahrnehmung dessen, wer Sie sind, und wer Sie wirklich sind, niemals vollständig übereinstimmen werden. Ebenso wird die Wahrnehmung anderer Menschen von Ihnen nie ganz mit dem übereinstimmen, was Sie wirklich sind. Sie sind ein Mensch mit vielen Qualitäten, Eigenschaften und Aspekten Ihrer Identität, die alle weit über das hinausgehen, was eine einzelne Person wahrnehmen kann.

Indem Sie erkennen, dass Ihre Identität weitaus mehr ist als das, was Sie oder irgendjemand anders von Ihnen denkt, hoffe ich, dass Sie verstehen, wie Sie tieferes Selbstmitgefühl für sich entwickeln können, denn man kann Sie nicht einfach als etwas abstempeln. Sie sind keineswegs unfähig, wertlos, gemein, erbärmlich, nutzlos oder welches Etikett Sie sich auch immer grausamerweise verpassen wollen. Genauso wenig kann man Ihnen einen einzigen positiven Stempel aufdrücken. Tatsächlich sind Sie viele Dinge auf viele verschiedene Arten, und wer Sie sind, ändert sich, je nachdem, mit wem Sie zusammen sind und welche Rolle Sie in diesem Moment einnehmen. Obwohl es viele Konstanten in dem gibt, was Sie sind, gibt es auch viele sich entwickelnde Teile Ihrer Identität, die dazu beitragen, dass es so schwierig ist, zusammenzufassen, „wer" Sie sind.

Wenn Sie aufhören, sich als irgendeine Sache zu identifizieren, und Ihren Geist für das Konzept öffnen, dass Sie viele Dinge und zugleich nichts sind, wird es für Sie einfacher, sich nicht mehr an Etiketten bzw. Stempel zu binden. Damit geben Sie sich die Freiheit, die Sie benötigen, um eine tiefere und sanftere Verbindung mit sich selbst und allen Aspekten Ihrer inneren Identität zu entwickeln. Je mehr Sie sich von Etiketten und dem Glauben, dass Sie eine festgelegte Identität haben, lösen, desto mehr werden Sie die Freiheit spüren, sich selbst tief und intensiv zu lieben.

Das Zweite, was Sie aus diesem Buch mitnehmen sollen, ist die Tatsache, dass Ihr Selbstmitgefühl etwas ist, das sich im Laufe der Zeit entwickeln wird. Machen Sie sich also keine Sorgen, wenn Sie diesen Punkt erreicht haben und noch kein tiefes Mitgefühl für sich selbst empfinden. Je mehr Sie die Hilfsmittel üben, die ich Ihnen hier in diesem Buch zur Verfügung gestellt habe, desto mehr werden Sie ein tieferes Mitgefühl für sich selbst empfinden. Anfangs mag dieses Selbstmitgefühl bei allem, was Sie fühlen, kaum an die Oberfläche gelangen und die Schale, mit der Sie sich schützen, kaum durchbrechen. Je mehr Sie jedoch üben, desto tiefer wird Ihr Mitgefühl mit sich selbst werden und desto leichter wird es Ihnen fallen, Raum für sich selbst zu schaffen und sich so zu akzeptieren, wie Sie wirklich sind.

Seien Sie immer bereit dazu, sich selbst so zu akzeptieren, wie Sie gerade sind, und glauben Sie daran, dass Sie sich verbessern werden, je weiter Sie vorankommen. Denken Sie daran, dass es in Ordnung ist, wenn es Ihnen einmal nicht gut geht, und dass es ebenfalls in Ordnung ist, das Gefühl zu haben, dass Sie nicht da sind, wo Sie im Leben gerne wären. Wenn Sie sich frustriert, traurig oder niedergeschlagen fühlen, weil Sie im Leben nicht weitergekommen sind, ist das in Ordnung. Akzeptieren Sie sich so, wie Sie sind, und auch die Emotionen, die Sie jeden Tag durchmachen, und durch diese Akzeptanz wird es Ihnen leichter fallen, sich zu erholen und nach vorn zu blicken.

Weiterführende Literatur

Bents, H., Gschwendt, M. & Mander, J. (2020). *Acht-samkeit und Selbstmitgefühl: Anwendungen in der psychotherapeutischen Praxis (Psychotherapie: Praxis)* (1. Aufl. 2020 Aufl.). Springer.

Brähler, C. (2020). *Neue Wege aus der Einsamkeit: Mit Selbstmitgefühl zu mehr Verbundenheit finden - Praktische Übungen für aktive Selbsthilfe - Ratgeber für Betroffene und Angehörige.* Irisiana.

Brähler, C. (2022). *Kraftvolles Selbstmitgefühl (Der kleine Selbstcoach)* (1. Aufl.). Scorpio Verlag.

Germer, C., Salzberg, S. & Bendner, C. (2015). *Der achtsame Weg zum Selbstmitgefühl: Wie man sich von destruktiven Gedanken und Gefühlen befreit* (Adapted Aufl.). Arbor.

Kunze, P. (2017). *Selbstmitgefühl: Mein Übungsbuch für achtsame Selbstwahrnehmung und Wertschätzung (GU*

Mind & Soul Übungsbuch) (1. Aufl.). GRÄFE UND UNZER Verlag GmbH.

Nees, F. (2021). *Den inneren Kritiker zum Lachen bringen!: Selbstliebe und Selbstmitgefühl gewinnen. 80 Übungen aus dem Improvisationstheater für Psychotherapie (Beltz Therapiekarten)* (1. Aufl.). Beltz.

Neff, K., Germer, C., Helm, N. & Zupke, A. (2019). *Selbstmitgefühl – Das Übungsbuch: Ein bewährter Weg zu Selbstakzeptanz, innerer Stärke und Freundschaft mit sich selbst* (New Aufl.). Arbor.

Neff, K. & Kauschke, M. (2014). *Selbstmitgefühl - Schritt für Schritt* (New Aufl.). Arbor.

Neff, K. & Kretzschmar, G. (2012). *Selbstmitgefühl: Wie wir uns mit unseren Schwächen versöhnen und uns selbst der beste Freund werden* (1. Aufl.). Kailash.

Pollak, S., Germer, C. & Bendner, C. (2021). *Selbstmitgefühl für Eltern: Sorge für dein Kind, indem du für dich selbst sorgst* (New Aufl.). Arbor.